JOHANN BAPTIST MÜLLER

Werteverfassung und Werteverfall

Studien und Texte
zur Erforschung des Konservatismus

Herausgegeben im Auftrag des
Institutes für Konservative Bildung und
Forschung Gemeinnützige GmbH
von Caspar von Schrenck-Notzing

Band 2

Werteverfassung und Werteverfall

Eine kulturkritische Betrachtung

Von

Johann Baptist Müller

Duncker & Humblot · Berlin

Die Deutsche Bibliothek – CIP-Einheitsaufnahme

Müller, Johann Baptist:
Werteverfassung und Werteverfall : eine kulturkritische Betrachtung / von Johann Baptist Müller. – Berlin : Duncker und Humblot, 2000
(Studien und Texte zur Erforschung des Konservatismus ; Bd. 2)
ISBN 3-428-10328-9

Fremddatenübernahme: Selignow, Berlin
Druck: Berliner Buchdruckerei Union GmbH, Berlin
Printed in Germany

ISSN 1439-3743
ISBN 3-428-10328-9

Gedruckt auf alterungsbeständigem (säurefreiem) Papier
entsprechend ISO 9706 ♾

Inhaltsverzeichnis

I. Die Werteverschiebung unserer Zeit im Horizonte der historischen Entwicklung

Mit vollem Dünkel glauben an diese sittliche Superiorität eigentlich erst unsere letzten Dezennien.

Jacob Burckhardt

Der Begriff des Wertes[1], der aus der Nationalökonomie stammt[2], ist keineswegs unumstritten. Für Carl Schmitt „liegt eben das Spezifische des Wertes darin, daß er statt eines Seins nur eine Geltung“[3] hat. Während man früher davon ausgegangen sei, daß „Sachen ... einen Wert, Personen ... eine Würde“[4] haben, es als unwürdig erachtete, „die Würde zu verwerten“[5], wird heute einer „Rangerhöhung des Wertes“[6] das Wort gesprochen. Mit der Verwendung dieses Begriffes sei vor allem die Wertphilosophie[7] auf einen „positivistischen Ersatz für das Metaphysische“[8] aus gewesen. In diesem Zusammenhang nimmt er vor allem Nicolai Hartmann[9] in seinen kritischen Blick.

Wie immer man die Skepsis Schmitts gegenüber dem Wertbegriff beurteilen mag, fest steht, daß er heute zu einem zentralen Topos in der Diskussion über

---

[1] *Peter L. Berger* und *Brigitte Berger* verstehen unter Werten „gedankliche Begründungen für richtiges gegenüber falschem Verhalten“ (Eine Einführung in die Soziologie – entwickelt an der Alltagserfahrung. Aus dem Amerikanischen, Reinbek bei Hamburg 1976, S. 247).

[2] Schon Adam Smith unterschied zwischen dem Gebrauchs- und dem Tauschwert einer Ware (Inquiry into the Nature and Causes of the Wealth of Nations, hrsg. v. *J. R. M'Culloch*. Edinburgh 1870, S. 13). Vgl. dazu auch *Paul Mombert*: Geschichte der Nationalökonomie, Jena 1927, S. 72 und 76.

[3] *Carl Schmitt*: Die Tyrannei der Werte. In: *Carl Schmitt/Eberhard Jüngel/Sepp Schelz*: Die Tyrannei der Werte, hrsg. v. *Sepp Schmelz*, Hamburg 1979, S. 32 f.

[4] Ebenda S. 29.

[5] Ebenda.

[6] Ebenda.

[7] In Deutschland hat diese sich im Anschluß an Hermann Lotze entwickelt. Vgl. dazu seine Abhandlung: Mikrokosmos. Ideen zur Naturgeschichte und Geschichte der Menschheit. Bd. II. Leipzig ³1989, S. 317 ff.

[8] *Carl Schmitt*: Die Tyrannei der Werte, S. 31.

[9] Ebenda S. 32. Vgl. dazu *Nicolai Hartmann*: Ethik. Berlin/Leipzig 1928.

die moralische Verfassung unseres Gemeinwesens avancierte. Dabei findet er auch bei denjenigen Verwendung, die ihr ethisches Denken religiös begründen. So geht der Dominikaner J. M. Bochenski davon aus, daß sich das menschliche Leben „im großen und ganzen ... durch das Werten und die Werte bestimmt“[10]. Seiner Auffassung zufolge ist „die Werttheorie ... seit Jahrtausenden ein Grundstück jeder Philosophie gewesen“.[11]

Weitaus wichtiger als die Frage, welche Legitimität dem Wertbegriff zukommt, ist die Erörterung des Problems, ob wir es heute mit einem bloßen Wertewandel zu tun haben oder aber gezwungen sind, von einem Werteverfall zu sprechen. Für die einen werden in unserer Zeit die früher gültigen Grenzziehungen zwischen Gut und Böse systematisch hintertrieben, andere wiederum verweisen darauf, daß die Summe der Tugenden und Laster in jedem Abschnitt des historischen Prozesses gleich bleibt. In diesem Zusammenhang ist jedoch kaum zu übersehen, in wie starkem Maße der Chor derjenigen, die einen Niedergang unserer Werteverfassung beklagen, unüberhörbar anschwillt. An diesem Punkte schließt sich der Autor dieser Abhandlung Hans Maier an, demzufolge der neutrale, sich jeglicher Wertung enthaltende Begriff des Wertewandels eindeutig in die heuristische Irre führt. Für ihn müßte diese Wortschöpfung den „Preis für den Euphemismus des Jahres ... erhalten“.[12] Auch wenn gegenüber historischen Stadiengesetzen äußerste Vorsicht am Platze ist, auch wenn man die Warnung Owen Chadwicks sehr ernst nehmen muß, daß am Anfang oder am Ende einer geschichtlichen Entwicklung weder höllische noch himmlische Zustände herrschen, so wird man kaum um die Erkenntnis herumkommen, in wie starkem Maße sich[13] das ethische Verhalten des europäischen Menschen seit dem Mittelalter als ein Prozeß der zunehmenden Distanzierung von seinem Normensystem zu begreifen ist. In dieser Epoche wurden die moralischen Kategorien noch im Horizonte der festgefügten Tugendordnung des Christentums durchbuchstabiert.

Die Frage nach ihrer Quintessenz läßt sich mit Josef Pieper dahingehend beantworten, daß sie sich zunächst als „Interpretation des Dekalogs“[14] zu erkennen gibt. Dabei ist selbstverständlich auch der Einfluß zu berücksichtigen, den das

---

[10] *J. M. Bochenski*: Wege zum philosophischen Denken. Freiburg/Basel/Wien [8]1969, S. 96.

[11] Ebenda S. 70. Vgl. dazu *Joachim Rintelen*: Der Wertgedanke in der europäischen Geistesentwicklung, Halle (Saale) 1932.

[12] *Hans Maier*: Im Flutlicht sieht man jedes Foul, in: Die Welt, Nr. 53, 3. März 1990.

[13] Vgl. dazu: „Paradise or hell. Two can play at this game and we need to be on the watch for both of them“ (*Owen Chadwick*: The Secularization of the European Mind in the Nineteenth Century, Cambridge 1985, S. 3).

[14] *Josef Pieper*: Tugend, in: Handbuch theologischer Grundbegriffe. Bd. II, hrsg. v. *Heinrich Fries*, München 1963, S. 715.

griechische Denken auf die christliche Tugendlehre ausübte. Die in der Scholastik so bedeutsamen Kardinaltugenden finden schon in der Agathon-Rede in Platons Symposion Erwähnung. Ausführlich geht er auf die ethischen Zielvorstellungen, Gerechtigkeit, Besonnenheit, Tapferkeit und Weisheit ein.[15] Dasselbe gilt auch für die Nikomachische Ethik des Aristoteles.[16] Für Joseph Pieper ist es als die große Leistung von Thomas von Aquin anzusehen, die vier Kardinaltugenden mit den drei theologischen Glaube, Liebe und Hoffnung in einen systematischen Zusammenhang gebracht zu haben.[17] In wie starkem Maße der christliche Tugendkatalog in der mittelalterlichen Zeit als die verbindliche ethische Richtschnur angesehen wurde, darauf haben bedeutende Gelehrte hingewiesen. Nach der Auffassung von Christopher Dawson vereinte in dieser Epoche die Völker des Abendlandes „nicht nur ein gemeinsames Glaubensbekenntnis, sondern auch ein ... gemeinsames Sittengesetz".[18] Ihre Verhaltensweisen wurden „in der katholischen Gußform vereinigt und zu einer kulturellen Einheit verschmolzen".[19] Auch Isaiah Berlin zufolge vermittelte das ethische Beziehungsnetz das Christentum den Menschen dieser Zeit ein Wertebewußtsein, das ihr Verhalten durch und durch bestimmte. Es seien keine Zweifel darüber aufgekommen, „was für ein Leben man führen und was man tun soll".[20] Dabei schloß die ethische Klammer, die das Verhalten des mittelalterlichen Menschen zusammenhielt, eine herzhaft geführte Diskussion über die Wege zum Ziel eines christlichen Ordo keineswegs aus. Ihr Stimmengewirr deutet nach der Auffassung Friedrich Heers auf Auseinandersetzungen hin, die den in späteren Zeiten geführten ideologischen Disputen an Intensität und Schärfe in keiner Weise nachstehen. Auf diese Weise erblickt er im Mittelalter jene „Epoche, in der erstmalig alle Gegenwartskonflikte in oft erratischer Größe aufbrechen".[21]

Schon in dieser Zeit bahnten die innovatorischen Kräfte einer neuen Weltauslegung den Weg. Die mittelalterliche Ordnung liquidierte die Voraussetzungen ihrer Existenz in dem Maße, in dem sie sich als unfähig erwies, sich gegen die veränderungswilligen Strömungen zu behaupten. Nun kommt es im Sinne von Richard Fester zu einem „Bewußtwerden der Weltkirchlichkeit"[22] und dazu,

---

[15] *Platon*: Gastmahl, in: Sämtliche Dialoge, Bd. III, hrsg. v. *Otto Apelt*, Hamburg ²1998, S. 2 ff.

[16] *Aristoteles*: Nikomachische Ethik, Nachwort von Franz Dirlmeier, Stuttgart 1980.

[17] *Josef Pieper*: Tugend, S. 716.

[18] *Christopher Dawson*: Die Revolution der Weltgeschichte. Aus dem Englischen, München 1960, S. 34.

[19] Ebenda.

[20] *Isaiah Berlin*: Das krumme Holz der Humanität. Aus dem Englischen, Frankfurt am Main 1992, S. 47.

[21] *Friedrich Heer*: Quellgrund dieser Zeit, Einsiedeln 1956, S. 47.

[22] *Richard Fester*: Die Säkularisation der Historie, in: Historische Vierteljahresschrift 11 (1908), S. 448.

daß Albert Mirgeler zufolge „die Welt ... sich in den Formen der Leidenschaft, des Machtstaates und der Technik zu einer kulturlosen Welt des nackten Realismus“[23] verändert.

Damit ist auch die Verabschiedung des Abendlandes von einem objektiv gültigen, jeden verpflichtenden Wertekatalog unmittelbar gegeben. Nun wurde seiner Pluralisierung Tür und Tor geöffnet. Für Thomas Luckmann kommt es jetzt zu einer „Verwandlung der Wertordnung in verschiedene institutionelle ‚Ideologien‘“[24], die nur noch „die Faktizität der institutionseigenen Wirkungszusammenhänge“[25] kennen. Die einzelnen Ideenkreise sind darauf aus, die Lebenswelt des Menschen in ihrem je eigenen Werthorizont zu interpretieren und was noch wichtiger ist, zu gestalten.

Mit einem ausgesprochen kritischen Unterton vermerkt Pitirim A. Sorokin, daß nun mit der Emphase einer zutiefst modernistischen Einstellung Hand an das mittelalterliche Ethikgebäude gelegt, die Abkehr von ihm gefeiert wurde. „Mit der fortschreitenden Auflösung der universellen Normen gewannen diese Tendenzen rasch die Oberhand, bis Recht und Moral, da vom Menschen geschaffen, ihr gesamtes Prestige vollends verwirkten und ihre bindende Kraft und Fähigkeit verloren, zwischen dem, was Recht und was Unrecht, was gerecht und was ungerecht ist, klar zu unterscheiden“.[26]

Für Wolfram von den Steinen ist das, was der nachmittelalterlichen Kultur ihr Signum gibt, mit dem Begriffsapparat einer dem christlichen Wertekosmos verpflichteten Sichtweise nicht mehr aufzuschließen. Für ihn verlor das Kreuz in dem Maße an Bedeutung, in dem „an die Stelle des einen Buches der Offenbarung ... die zehntausend Bücher der Vernunft und Wissenschaft“[27] traten. Dabei wird der menschliche Handlungsbereich immer noch im Horizonte einer einheitlichen Wahrheit begriffen. Der entscheidende Unterschied zu der angeblich zu Recht überwundenen Zeit des christlichen Mittelalters besteht allerdings darin, daß nun „Technik, Fortschritt, Kultur“[28] die entscheidenden Topoi des neuen Glaubens bilden. Mit den modernen Maximen gerüstet, „wütete man als Prophet dieser Wahrheit, die Habsucht im Herzen“.[29]

---

[23] *Albert Mirgeler*: Geschichte und Gegenwart, Freiburg/München 1965, S. 17.

[24] *Thomas Luckmann*: Das Problem der Religion in der modernen Gesellschaft, Freiburg im Breisgau 1963, S. 65.

[25] Ebenda.

[26] *Pitirim A. Sorokin*: Die Wiederherstellung der Menschenwürde. Aus dem Amerikanischen, Frankfurt am Main 1952, S. 121.

[27] *Wolfram von den Steinen*: Geschichte als Lebenselement, Bern/München 1969, S. 90.

[28] Ebenda.

[29] Ebenda.

Allerdings muß vor dem Fehlschluß gewarnt werden, daß sich die Wirkkraft der christlichen Sittenlehre über Nacht in Luft auflöste. Es gilt die Verwurzelung auch späterer Epochen in ihrem Wertekatalog im Auge zu behalten, will man ihren schwindenden Einfluß akkurat bestimmen. So hat Johan Huizinga zu Recht darauf aufmerksam gemacht, daß „von einer prinzipiellen und begründeten Antastung der christlichen Sittenlehre ... im sechzehnten Jahrhundert ... noch nicht, und um 1800 noch kaum die Rede“[30] sein kann. Von „systematischer Unterminierung der gesellschaftlichen Ordnung und Einheit ... weiß weder das sechzehnte noch das beginnende neunzehnte Jahrhundert“[31] etwas. Im Horizonte dieses Vergleichs ergibt sich für ihn jedoch die Gewißheit, in wie starkem Maße in der Jetztzeit „die Welt ... einen intensiveren und gründlicheren Umwälzungsprozeß“[32] durchmacht.

Dabei waren schon im 19. Jahrhundert Stimmen zu vernehmen, die eine allgemeine Entlegitimierung der überkommenen Wertewelt beklagten. Für Ernest Renan, der mit Kirche und Christentum radikal gebrochen hatte, hat das emphatische Bekenntnis zum Ideal des sich selbst bestimmenden Menschen zu einer Erosion der alten Tugenden geführt, die geschichtlich ohne Beispiel sei. „Les valeurs morales baissent, cela est sûr; le sacrifice disparaît presque; on voit venir le jour ... où l'égoïsme organisé remplacera l'amour et le dévouement“.[33]

Auch für Paul Bourget läßt die bürgerliche Sozietät dieser Zeit Wertungsgrundsätze erkennen, bei denen ein der Ichbezogenheit verpflichteter ethischer Relativismus Pate gestanden hat. Ihr führender Gesellschaftstypus bewege sich nicht mehr in den Dimensionen einer gemeinwohlverpflichteten Wertewelt. „Pour lui, rien n'est vrai, rien n'est faux, rien n'est moral, rien n'est immoral, C'est un égoïste subtil et raffiné“.[34]

In gleicher Weise war es auch Max Scheler darum zu tun, in der moralischen Physiognomie seiner Zeit signifikante Merkmale einer grundlegenden Werteverschiebung nachzuweisen. Dabei werden ihm zufolge die neuen ethischen Sinndeutungen besonders augenfällig aufgeschlossen, wenn man die Denunzie-

---

[30] *Johan Huizinga*: Im Schatten von morgen. Eine Diagnose des kulturellen Leidens unserer Zeit. Bern/Leipzig 1935, S. 23. Vgl. dazu auch *Gerhard Hirschfeld*: Die Universität Leiden unter dem Nationalsozialismus, in: Geschichte und Gesellschaft 23 (1997), S. 560ff.

[31] Ebenda S. 23f.

[32] Ebenda S. 24.

[33] *Ernest Renan*: Feuilles détachées, Paris [4]1892, S. XIV. Auch *Paul Valéry* beklagt „eine allgemeine Unordnung, ... die sowohl in den Gedanken, wie in den Sitten und den Dingen ... fühlbar wie wirksam ist“ (Amt und Geheimnis der Académie Française. Aus dem Französischen. Jena 1948, S. 31).

[34] *Paul Bourget*: Le disciple. Préface, Paris 1899, S. IX.

rung des althergebrachten Begriffes der Tugend in den Blick nimmt. „Das Wort der Tugend ist ... so mißliebig geworden, daß wir uns eines Lächelns kaum erwehren können, wenn wir es hören oder lesen“.[35] Während es „in der Blüte des Mittelalters und bei den Hellenen und Römern der Kaiserzeit ... ein höchst anmutiges, anlockendes und charmvolles Wesen“[36] war, gebe es sich heute als „alte, keifende, zahnlose Jungfer“[37] zu erkennen. In unserer vom Gedanken der ökonomischen Effizienz geprägten Welt sehe man sich nach einer modernen und zeitgemäßeren Terminologie um. Auf diese Weise kristallisiert sich eine Begrifflichkeit heraus, die in einem diametralen Gegensatz zum überkommenen Tugendkatalog stehe. „Es genügt unserem Zeitalter der Arbeit und des Erfolges, von ‚Tüchtigkeit‘ zu reden“.[38]

Während im Weltbild der in Rede stehenden Kulturkritiker die Abkehr von den früher gültigen ethischen Normen beklagt wird, ist es heute einer Reihe von Autoren darum zu tun, ihre Entwertung in ein affirmatives Licht zu rücken. Gegen illegitime Jerimiaden empfehle sich die Nüchternheit einer wirklichkeitsbejahenden Haltung. Lasse man das gesamte Spektrum der aktuellen Handlungsmöglichkeiten Revue passieren, so komme man kaum um die Einsicht herum, daß in unserer Zeit eindeutig zu begrüßende Fortschrittskräfte am Werke sind.

So sind die denkerischen Anstrengungen von Gerd Gerken eine Synthese eingegangen, in der die ethische Polyvalenz unter dem Rubrum des historischen Progressismus verbucht wird. Wenn heute der „Widerspruch des Widerspruchs zum basalen Lebensgefühl“[39] avancierte, so erlangt dieser Zustand bei ihm den Rang des Begrüßenswerten und Vorbildlichen. Daß wir es heute mit einem Universum unterschiedlichster moralischer Einstellungen zu tun haben, wird von ihm ausdrücklich bejaht. Unser Gesellschaftszustand, in dem sich „Permissivität mit Ordnung“[40] paare, weise keinerlei defiziente Strukturmerkmale auf.

Auch nach Johannes Goebel und Christoph Clermont hat sich die irrige Vorstellung von einem einheitlichen Wertehorizont so verfälschend in unser Bewußtsein geschoben, daß wir die positiven Bestimmungsmerkmale einer prinzipiellen moralischen Vielfalt nicht mehr zu erkennen in der Lage sind. Statt sich an verbindliche und überholte Normen klammern zu müssen, sei es heute

---

[35] *Max Scheler*: Die Rehabilitierung der Tugend, in: Vom Umsturz der Werte. Abhandlungen und Aufsätze, Bern/München [5]1972, S. 15.

[36] Ebenda.

[37] Ebenda.

[38] Ebenda.

[39] *Gerd Gerken*: Die Geburt der neuen Kultur. Düsseldorf/Wien/New York 1988, S. 13.

[40] Ebenda.

dem Einzelnen möglich, „durch den Supermarkt der Moral“[41] zu wandeln und „seinen Einkaufswagen mit den Bausteinen seiner Do-It-Yourself-Ethik“[42] aufzufüllen. Da bei ihm das „Moralsurfing“[43] zur ethischen Tugend ausgerufen wird, ist es auch höchst natürlich, wenn „der Lebensästhet ... an der eigenen Biographie, der eigenen Moral und auch der eigenen Religion“[44] bastelt. Wenn sich heute die großen ethischen Fragen auf die je eigene Stimmung reduzieren lassen, ist auch der Abschied von den früher gültigen Gemeinschaftsvorstellungen gegeben. Nun ist der einzelne Bürger endlich in der Lage, die kaum übersehbare Fülle der Sozialformen auszufächern, sich einer Lebenshaltung zu befleißigen, die die schier unbegrenzte Skala des Sozialverhaltens ausschreitet. „Heute sind die Modelle des Zusammenlebens so unterschiedlich wie die Präferenzen und Wertegebäude der Lebensästheten selbst. Die Tugend der Orientierungslosigkeit eröffnet ihnen die Perspektive, täglich neue Formen des Miteinanders zu schaffen und auszuhandeln“.[45] Was Wunder, wenn die beiden Autoren „die Grundannahme, daß nur ein klar umrissener moralischer Konsens das faire Miteinander der Mitglieder der Gesellschaft garantieren kann“[46], als „schlichtweg falsch“[47] bezeichnen. Einer Moralordnung, deren konstitutives Prinzip die grenzenlose Vielfalt ist, wohnt auch ein manichäischer Zug inne: „Die Moralgebäude der Lebensästheten stehen sich unversöhnlich gegenüber“.[48] Aus diesem Grunde ist es sinnlos „den anderen von der Richtigkeit einer Ideologie zu überzeugen“.[49]

In dieser wertrelativistischen Perspektive verblaßt der alte und ehrwürdige Topos vom guten Leben zur Kompensation von Zeitgenossen, die sich als unfähig erweisen, ihren Frieden mit der modernen Welt zu schließen. Wer in ihr nur den Sittenverfall am Werke sieht, der sollte nach Norbert Bolz erkennen; daß „Anweisungen zum richtigen Leben“[50] sich bei näherem Augenschein als „Anweisungen zum Unglücklichsein“[51] entpuppen. Dabei erweisen sich vor allem „die alten Schablonen der humanistischen Werte ... als Fesseln der Welterfah-

---

[41] *Johannes Goebel/Christoph Clermont*: Die Tugend der Orientierungslosigkeit, Berlin [3]1998, S. 82.

[42] Ebenda S. 82 f.

[43] Ebenda S. 95.

[44] Ebenda S. 92.

[45] Ebenda S. 104.

[46] Ebenda S. 109.

[47] Ebenda S. 83.

[48] Ebenda.

[49] Ebenda.

[50] *Norbert Bolz*: Das kontrollierte Chaos. Vom Humanismus zur Medienwirklichkeit, Düsseldorf/Wien/New York/Moskau 1994, S. 17.

[51] Ebenda.

rung".[52] Die notwendige Befreiung aus ihrem Zwangsgehäuse erweitert die „Spielräume des Möglichen."[53] Nur auf diese Weise werden die Voraussetzungen dafür geschaffen, „sein Glück zu machen".[54] Um ihm teilhaftig zu werden, gilt es, die alten ethischen Fesseln abzustreifen und sich dem Schönen zuzuneigen. In den Fußstapfen Nietzsches wandelnd, hält Bolz dafür, daß „die Weltordnung in Zukunft weniger von einer Ethik als vielmehr von einer neuen Ästhetik zu erwarten ist."[55]

Bei diesen auf das eigene Ego setzenden Autoren, deren Leitmotive eine ausgesprochen wertrelativistische Dynamik entwickeln, kommt einem unwillkürlich die Kulturkritik John Donnes in den Sinn. Schon er warf seinen Zeitgenossen vor, sich dem ständigen Exerzitium einer rigorosen Selbstreflexion anheimgegeben zu haben. „For every man alone thinkes he hath got to be a Phoenix, and that then can bee none of that kinde, of which he is, but hee".[56] Niemand überlege heute mehr vom Ordnungsgedanken her, alle knüpften ein selbstbezogenes Beziehungsnetz. „Tis all in peeces, all cohaerence gone; All just supply, and all Relation".[57]

John Donnes Gravamina sind heute in den Faden der empirisch abgesicherten Kulturkritik von Elisabeth Noelle-Neumann eingeknüpft. Leuchte man unsere Werteverfassung bis in ihre Detailstrukturen hinein aus, so dränge sich unwillkürlich die Einsicht auf, „daß die Wegweiser für eine zunehmende Zahl von Menschen in unserer Gesellschaft falsch stehen".[58] Sie weiten den Blick für den ethischen Irrweg einer Sozietät, die nichts nötiger hat als „einen neuen Wertewandel mit nun richtig eingestellten Wegweisern".[59]

Dabei hat die Autorin mit ihren empirischen und zugleich zeitkritischen Untersuchungen die Behauptung von Robert Michels ins Unrecht gesetzt, daß es

---

[52] Ebenda S. 16.

[53] Ebenda S. 17.

[54] Ebenda.

[55] Ebenda S. 18. In ähnlicher Weise versucht auch *Erich Jantsch*, der Übermacht der ethischen Bewertung zu entkommen. Dabei ist es vor allem die komplexe Struktur unserer Lebenswelt, die eine eindeutige moralische Beurteilung menschlicher Handlungen verbiete. „In einer vielschichtigen, evolvierenden Realität gibt es letzten Endes keine klaren Gegensätze mehr. Vor allem gibt es kein ‚Gut' und kein ‚Böse'. Es ist kindisch, sich der Evolution zu schämen" (Die Selbstorganisation des Universums. Vom Urknall zum menschlichen Geist, München/Wien 1992, S. 370).

[56] The Poems of John Donne, hrsg. v. *Herbert Grierson*. London/New York/Toronto 1949, S. 214.

[57] Ebenda.

[58] *Elisabeth Noelle-Neumann*: Wertewandel in der öffentlichen Meinung, in: *Hermann Lübbe/Elisabeth Noelle-Neumann/Hans-Peter Repnik*: Werte im pluralistischen Staat, Sankt Augustin 1997, S. 15.

[59] Ebenda S. 16.

für den „Grad an Moral, den ein Volk besitzt“[60], keinen „untrüglichen wissenschaftlichen Maßstab“[61] gibt. Ihre Forschungsergebnisse schließen sich nämlich nur auf, wenn man sich ihrem Urteil versichert, in wie starkem Maße die heutige Werteverschiebung ein defizientes Vorzeichen aufweist. Dabei verbieten es ihre weltanschaulichen Prämissen keineswegs, wenn im Sinne von Helmut Klages die „Selbstentfaltungswerte“[62] und die „Pflicht- und Akzeptanzwerte“[63] in eine „Wertsynthese“[64] eingebunden werden. Allerdings darf dieser Versuch nicht auf Kosten der Gemeinschaftsbindung des Menschen geschehen. An diesem Punkt hält sie es dezidiert mit Horaz: Est modus in rebus sunt certi denique fines.

---

[60] *Robert Michels*: Zum Problem der Messung von Sittlichkeit, in: Probleme der Sozialphilosophie, Leipzig/Berlin 1914, S. 85.

[61] Ebenda.

[62] *Helmut Klages*: Wertwandel und politisches Handeln. Zur politischen Kultur der Bundesrepublik Detuschland, in: Werte. Leitbilder. Tugenden. Zur Erneuerung politischer Kultur, hrsg. v. *Klaus Weigelt*, Mainz 1985, S. 168.

[63] Ebenda S. 169.

[64] Ebenda.

II. Die Werteverfassung der modernen Sozietät

Denn um sich greift der Mensch,
nicht darf man ihn der eigenen
Mäßigung vertrauen. Ihn hält in
Schranken nur das deutliche Gesetz
und der Gebräuche tiefgetretene Spur.

Friedrich Schiller

1. Der Werteverfall in kulturanalytischer Perspektive

Um sich ein Bild von der gegenwärtigen Werteverschiebung zu verschaffen, ist es vonnöten, all diejenigen Autoren zu Worte kommen zu lassen, die in den unterschiedlichsten Denkbereichen ihre warnende Stimme erhoben beziehungsweise erheben. Ihnen geht es unisono um den Nachweis, daß die traditionellen Muster der Werteausrichtung kassiert sind und wir keineswegs in der besten aller ethischen Welten leben.

In diesem Zusammenhang soll zunächst der Begriff der Kulturkritik selber in den analytischen Blick genommen werden. Was sich in ihm ausdrückt, verweist immer schon auf eine wenig affirmative Überprüfung moralischer, gesellschaftlicher und politischer Zustände. Ein eindrucksvolles Bild dieser Anstrengung vermittelt Hans Freyer. Seiner Auffassung nach schließt sich dieser Terminus nur auf, wenn man sein Augenmerk im Gegensatz zu den Anwälten des Progressismus auf die Frage richtet, was „verschwiegen, als belanglos beiseite geschoben wird".[1] In der kulturkritischen Perspektive ist der jeweilige Erkenntnisgegenstand keineswegs das Produkt einer wie immer gearteten Fortschrittsentwicklung, sondern stellt sich als ein Arrangement dar, in dem eher negativ zu bewertende Momente miteinander korrespondieren. Will man seine Signatur entschlüsseln, so ergeben sich die folgenden Fragen: „Wovon bewegen wir uns weg, indem wir fortschreiten? Was lassen wir hinter uns? Worauf verzichten wir?"[2]. Wenn der Fortschritt in Augenschein genommen wird, stellt sich auch das Problem, „womit ... er bezahlt wird"[3].

---

[1] *Hans Freyer*: Das industrielle Zeitalter und die Kulturkritik, in: Wo stehen wir heute?, hrsg. v. *H. Walter Bähr*, Gütersloh [6]1962, S. 201.

[2] Ebenda.

[3] Ebenda.

Daß sich die fragwürdigen Ergebnisse des zivilisatorischen Progressus in der Literatur niederschlagen, davon sind nicht wenige bedeutende Repräsentanten des Geisteslebens überzeugt. So hat schon Wilhelm Dilthey den Dichtern seiner Zeit vorgeworfen, ein ausgesprochen gestörtes Verhältnis zu dem moralischen Erkenntniswillen früherer Zeiten aufzuweisen. Ihrer durch und durch relativistischen Sichtweise gerate das aus dem Blick, was die Vorfahren als gutes Leben bezeichnet haben. In ihrer destruktiven Grundhaltung genießen sie „die wurmstichtige Zivilisation“[4] und „hassen sie“[5]. Seine tief eingewurzelte Abneigung gegenüber diesen Repräsentanten der Dichtkunst läßt ihm sogar die Behauptung aus der Feder fließen, daß sie im Schildern „zersetzen“[6].

Auch viele Literaten selber haben sich als pointiert argumentierende Kulturkritiker zu erkennen gegeben. So wird für Klaus Mann das moralische Grundmuster unserer Zeit von Handlungsweisen bestimmt, die den unaufhaltbaren Siegeszug des Bösen unter Beweis stellen. Ihre moralische Tragödie spiegele sich in der Abkehr von einer Ordnung, in der statt des Guten sein schieres Gegenteil die Oberhand gewinnt. Dabei seien „die düstersten Ahnungen, die blutigsten Phantasien, genährt von Pessimisten des neunzehnten Jahrhunderts ... von der schaurigsten Wirklichkeit des zwanzigsten“[7] übertroffen worden. In diesem Säkulum habe sich „der westliche Mensch, ... der sich schon für ein völlig gezähmtes, durchaus rationales Geschöpf gehalten hatte“[8], als „ein noch immer von Dämonen besessenes, von irrationalen und barbarischen Kräften getriebenes Geschöpf“[9] erwiesen. Dabei scheut sich Klaus Mann keineswegs, auf den Wortschatz der Theologie zu rekurrieren. „Der Antichrist, dessen Gesten und Laute Nietzsche eines frevlerisch geäfft – nun war er da“[10]. Sein zerstörerisches Werk umfaßt sowohl „Gaskammern und Explosivbomben“[11] als auch „giftig-geifernde Propaganda und organisierte Ausbeutung“[12]. Zu seinen kulturzerstörenden Machenschaften gehören auch „die satanische Geschmacklosigkeit des Vergnügungsmarktes“[13] und die „Anbetung des Geldes“[14].

---

[4] *Wilhelm Dilthey*: Die drei Epochen der modernen Ästhetik und ihre heutige Aufgabe (1892), in: Die geistige Welt. Einleitung in die Philosophie des Lebens. Zweite Hälfte, Stuttgart/Göttingen [5]1988, S. 243.

[5] Ebenda.

[6] Ebenda.

[7] *Klaus Mann*: Die Heimsuchung des europäischen Geistes. Aufsätze, hrsg. v. *Martin Gregor-Dellin*, München 1973, S. 119.

[8] Ebenda.

[9] Ebenda.

[10] Ebenda.

[11] Ebenda.

[12] Ebenda S. 119.

[13] Ebenda S. 120.

Literaten haben auch das Werk ihrer Kollegen in kulturkritischen Augenschein genommen. Als krasses Exempel für das Skandalon einer exzessiven Wertebeliebigkeit dient George Orwell das Oeuvre Henry Millers. Ihm sei jegliches Sensorium dafür abhanden gekommen, was als gut und was als böse zu bezeichnen ist. Er stelle jenen Typus des Schriftstellers dar, der sich von allen verbindlichen Moralverpflichtungen losgesagt hat. Für Henry Miller sei es „schiere Dummheit“[15], sich in „Dinge einzumischen, weil man sich dazu ‚moralisch‘ verpflichtet fühle“[16]. Da ihm zufolge die Fäden unserer Wertewelt unentwirrbar sind, gibt sich sein Werk als „Verantwortungslosigkeitserklärung“[17] zu erkennen. Jeder Gedanke gerinnt bei ihm zum Baustein einer durch und durch indifferenten Haltung. „Er geigt, während Rom brennt“[18].

Wie George Orwell, so war es auch dem Kulturphilosophen Johan Huizinga darum zu tun, die literarische Ausdehnung des Ethischen ins Amoralische zu kritisieren[19]. Immer mehr trete in der Belletristik der Bezug zu einem objektiv gültigen Sittengesetz hinter fragwürdige Korrespondenzen zurück. Dabei hatte „die literarische Schilderung der Untugend ... im Schelmenroman bereits eine erste Phase erlebt“[20]. Er zeichne sich dadurch aus, daß „das Interesse immer mehr von der belohnten Tugend nach der ungestraften Untugend hin“[21] verlagert wird. Einen bislang unerreichten Höhepunkt erreichte diese Werteverwirrung in der Literatur des 19. Jahrhunderts. Dieser sei es vor allem um die „Enthüllung der Details, zunächst des Menschlich-Natürlichen, dann auch des Perversen“[22] gegangen.

In ähnlicher Weise hat sich auch Hannah Arendt besorgt über die gegenwärtige Werteverfassung geäußert. Im heillos verstimmten ethischen Konzert der Gegenwart, in der „die schwachsinnige Nachdenklichkeit oder nachdenkliche Schwachsinnigkeit der Intellektuellen“[23] vorherrscht, könne kaum eine befriedigende Antwort auf die Frage gegeben werden, „warum ... ich meine Großmut-

14 Ebenda.

15 *George Orwell*: Im Innern des Wals. Erzählungen und Essays. Aus dem Englischen, Zürich 1975, S. 126.

16 Ebenda.

17 Ebenda.

18 Ebenda S. 127.

19 *Johan Huizinga*: Im Schatten von morgen S. 110.

20 Ebenda.

21 Ebenda.

22 Ebenda.

23 *Hannah Arendt*: Brief an Mary McCarthy vom 20. August 1954, in: *Hannah Arendt/Mary McCarthy*: Im Vertrauen. Briefwechsel 1949–1975. Aus dem Amerikanischen, hrsg. v. *Carl Brightman*, München/Zürich 1995, S. 73.

ter nicht töten"[24] soll. Früher sei sich der religiös bestimmte Mensch darüber bewußt gewesen, daß er bei einer derartigen Verhaltensweise „zur Hölle fahren und in ewiger Verdammnis"[25] enden werde. Auch der dem Common sense verpflichtete Bürger lehnte den Mord ab, weil er „selbst nicht ermordet werden"[26] wollte. Heute dagegen funktionieren „beide Antworten ... nicht mehr"[27]. Nun habe man davon auszugehen, daß „der Glaube einerseits und die Common sense-Urteile andererseits nicht mehr sinnstiftend sind"[28]. Geht man daran, den Radius der menschlichen Vernunft auszumessen, so mutiert die Eindeutigkeit des Ausgangspunktes in die Vieldeutigkeit höchst unterschiedlicher ethischer Ergebnisse. „Dieses Vermögen, auch wenn wir es alle besitzen mögen, ist vollkommen unfähig, uns durch die Welt zu geleiten oder überhaupt etwas zu erfassen"[29]. Es stelle nur die „äußerste Subjektivierung"[30] unter Beweis. Auf diese Weise bricht man durch das dünne Eis der Rationalität in das ernüchternde Wasser der moralischen Vielstimmigkeit durch.

In gleicher Weise vernebelt auch für Albert Camus der Rekurs auf die Vernunft die Grenzlinien zwischen Gut und Böse. Aus der rationalen Anstrengung des Menschen gehen keine moralischen Maßstäbe hervor. „Der moderne Verstand weiß sich keinen Rat mehr"[31]. Unsere stetig voranschreitende Wissensakkumulation hat dazu geführt, „daß Welt und Geist jeglichen Anhaltspunkt verloren haben"[32]. Die dieser Perspektive angemessene Schlußfolgerung ist, daß wir „an Nihilismus leiden"[33]. Dieser habe die frühere Bedeutung von Vernunft und Unvernunft in ihr schieres Gegenteil verkehrt. „Alles, was heute im Geist der Zeitgenossen Wert besitzt, ist irrational. Und doch lehrt, tötet und regiert alles, was in der Politik vorherrscht, im Namen der Ratio"[34]. Die ethische Unsicherheit und Nonchalance habe das Ergebnis gezeitigt, daß der den Abfall vom früher gültigen Sittengesetz beklagende Bürger in ein schiefes Licht gerät. Für Camus besteht das „Elend unseres Jahrhunderts"[35] darin, daß „vor noch gar nicht so langer Zeit ... die schlechten Taten einer Rechtfertigung be-

---

[24] Ebenda.

[25] Ebenda.

[26] Ebenda.

[27] Ebenda.

[28] Ebenda.

[29] Ebenda S. 75.

[30] Ebenda.

[31] *Albert Camus*: Tagebuch. Januar 1942 – März 1951. Aus dem Französischen, Reinbek bei Hamburg 1967.

[32] Ebenda.

[33] Ebenda.

[34] Ebenda S. 207.

[35] Ebenda S. 184.

durften"[36]. Heute dagegen habe man die Existenznotwendigkeit „der guten"[37] nachzuweisen. In einer Zeit, in „der die edelsten Handlungen der Bedeutungslosigkeit anheimfallen"[38], führe kein ethischer Ariadnefaden aus dem Labyrinth des Kulturverfalls heraus. Die Suche nach ihm verhindern „die Disputierer"[39], die „an alles denken, um alles zu leugnen"[40].

Dabei wird nach Karl Jaspers heute in den Strudel der ethischen Beliebigkeit vor allem das gezogen, was früheren Zeiten als unbefragte Familienmoral galt. Der Versuch, diese vom angeblichen Makel des Reaktionären zu befreien, habe eindeutig in die moralische Irre geführt. „Die Familie ist bedroht. Kinder sehen das Unheil der Ehekonflikte und Scheidungen und fühlen dabei ihr eigenes Preisgegebensein, spüren ihre Bodenlosigkeit und sehen sich angstvoll dem Nichts gegenüber"[41]. Daß die „Eltern die Verantwortung für ihre Kinder nicht mehr"[42] spüren, stelle das authentische Zeugnis einer Haltung dar, die nur noch die Bedürfnisse des eigenen Ichs kennt und allen Imperativen der Gemeinschaft den Kampf angesagt hat.

Mit der aus dem individualistischen Geiste heraus geborenen Bindungslosigkeit geht nach Jan Ross auch das Schuldgefühl verloren. Unsere Zeit erscheint für ihn als die reinste Verkörperung einer Epoche, die diesem uralten Kulturbegriff den Kampf angesagt hat. Heute werde dieser mit dem Attribut überflüssig versehen. In einer Ordnung, die sich mit Haut und Haaren dem Egoismus anheimgegeben haben, wirke „der Begriff der Schuld ... anachronistisch und irreal"[43]. Dabei sei „ein ganzes Genre von Beratungsliteratur ... damit beschäftigt, den Menschen ihr schlechtes Gewissen auszureden"[44]. Da die moralischen Skrupel von den „anderen ... bloß eingeredet"[45] werden, dürfe das „sozial-ethische Marktgeschehen nicht durch altruistische Vorstellungen"[46] in Mitleidenschaft gezogen werden. Aus diesem Grunde ist auch jede Absicht, sich mit ih-

---

[36] Ebenda.

[37] Ebenda.

[38] Ebenda S. 78.

[39] *Albert Camus*: Tagebuch März 1951 – Dezember 1959. Aus dem Französischen, Reinbek bei Hamburg 1991, S. 100.

[40] Ebenda.

[41] *Karl Jaspers*: Wo stehen wir heute?, in: Wo stehen wir heute?, hrsg. v. *H. Walter Bähr*, Gütersloh [6]1962, S. 37.

[42] Ebenda.

[43] *Jan Ross*: Die verlorene Schuld, in: Frankfurter Allgemeine Zeitung, Nr. 192, 19. August 1995.

[44] Ebenda.

[45] Ebenda.

[46] Ebenda.

nen „das Leben schwerzumachen, ... unsinnig oder gar schädlich“[47]. Der ethische Paradigmenwechsel offenbare sich auch dadurch, daß der „Begriff der Schuld ... durch das Interesse“[48] ersetzt worden sei. In der jedem Gedanken der sozialen Verantwortung abholden Welt sei nur noch der Terminus Scham am Platze. „Nicht Schuld ist es, wovor der Bankrotteur oder Versager sich fürchtet, sondern Schande“[49].

Aus diesem Grunde bedarf es für Alasdair MacIntyre der historischen Besinnung, um den deplorablen Zustand unserer Werteverfassung begreifen zu können. Die Zweifel an ihr werden dann unabweisbar, wenn man einen Blick auf frühere Epochen wirft. Dann erkenne man augenfällig, daß heute „nur noch Bruchstücke eines Begriffsschemas, Teile ohne Bezug zu jenem ethischen Kontext, der ihnen ihre Bedeutung verliehen hat“[50] übriggeblieben sind. Die einzelnen Partikel unserer Werteverfassung schließen sich für ihn zu einer Einheit zusammen, in der ein durch und durch relativistischer Sinn waltet. Die Rechtfertigung dieses harschen Urteils liegt für MacIntyre in dem bei ihm zur Gewißheit gewordenen Umstand, daß wir „zu einem großen Teil, wenn nicht sogar völlig ... unsere Moral“[51] verloren haben.

In wie starkem Maße heute das Thema des Werteverfalls zum vorrangigen Diskussionsgegenstand wurde, erschließt sich nicht zuletzt auch dann, wenn man einen tiefenscharfen Blick auf die einzelnen politischen Ideenkreise wirft.

Was den Liberalismus anlangt, so beklagt sich Alexander Rüstow darüber, in wie starkem Maße sich die westliche Welt als unfähig erweist, zwischen „Gut und Böse“[52] unterscheiden zu können. Das ethische Gerüst, an dem die Menschen heute ihre moralischen Girlanden aufhängen, erweise sich als wenig tragfähig[53].

Rüstows negative Beurteilung unserer Werteverfassung wird auch von seinem Gesinnungsfreund Wilhelm Röpke geteilt. Mit vollem Akkord stimmt er ein

---

[47] Ebenda.

[48] Ebenda.

[49] Ebenda. Heute versucht man Ortega y Gasset zufolge überhaupt, sich im Reiche der moralischen Indifferenz heimisch zu machen. „Nicht daß der Massenmensch eine veraltete Moral zugunsten einer emportauchenden verachtete; im Zentrum seiner Lebensführung steht gerade der Anspruch, ohne moralische Bindungen zu leben“ (Der Aufstand der Massen. Aus dem Spanischen, Stuttgart 1947, S. 125).

[50] *Alasdair MacIntyre*: Der Verlust der Tugend. Zur moralischen Krise der Gegenwart. Aus dem Englischen, Frankfurt am Main/New York 1987, S. 15.

[51] Ebenda.

[52] *Alexander Rüstow*: Die Zukunft als Wille und Vorstellung, in: Die offene Welt, Nr. 76. Juni 1962, S. 229.

[53] Ebenda.

Klagelied auf die Gefährdung der überkommenen Tugenden an, verweist darauf, daß der Okzident einem schleichenden moralischen Erosionsprozeß ausgesetzt ist. „Nichts Geringeres geht vor sich, als daß ein Massenaufstand gegen die letzten Grundlagen alles dessen ausgebrochen ist, was wir Kultur nennen"[54]. Nur ein Blinder könne übersehen, daß sich weiteste Bevölkerungskreise „gegen jene geschriebenen und ungeschriebenen Normen, die in Jahrtausenden entstanden sind, um eine hochdifferenzierte menschliche Gesellschaft zu ermöglichen"[55] verschworen haben. Unsere Vorfahren hätten sich über die allerorten umsichgreifende „Verrohung und Verpöbelung"[56] geschämt. Die Wendung ins Kulturzerstörerische ist auch in dem kaum zu bestreitenden Faktum angelegt, daß „die Familie als die natürlichste Gemeinschaftszelle verkümmert"[57]. In ihrem Mikrokosmos wuchere der zersetzende Geist des Materialismus, der sie zur „bloßen Konsumgemeinschaft – bestenfalls zur Vergnügungsgemeinschaft"[58] herabsinken ließ. In einer Welt, in der das „ganze Gewicht unseres Sinnens, Trachtens und Tuns auf die Befriedigung der sinnlichen Bedürfnisse"[59] gelenkt werde, verkümmert nach Röpke auch der historische Sinn. Auf diese Weise ist die Abkehr von den ethischen Verhaltensnormen der Vergangenheit ebenfalls gegeben[60].

Mag man sich wundern, daß ausgerechnet liberale Autoren, deren Ideenkreis dem historischen Progressismus verpflichtet ist, derartige Jerimiaden über unseren Werteverfall anstimmen, so überrascht es kaum, in wie starkem Maße sich die Parteigänger des konservativen Ordnungsgedankens sich diesem entgegenstemmen. Wenn es ein Leitmotiv gibt, das ihre Kulturkritik zusammenhält, dann ist es die fest eingewurzelte Überzeugung, daß die heutige Werteverwirrung früher kaum gekannte Dimensionen angenommen hat. An diesem Punkte nehmen die heutigen Repräsentanten dieses Ideenkreises Topoi auf, die bereits ihre Gesinnungsgenossen früherer Zeiten formuliert hatten. Sie halten es beispielsweise mit Samuel Taylor Coleridge, der schon im 19. Jahrhundert die Zerstörung konservativer Werte durch den Progressismus geißelte. „Of old things

---

[54] *Willhelm Röpke*: Wirrnis und Wahrheit. Ausgewählte Aufsätze, Erlenbach/Zürich/Stuttgart 1962, S. 107 f.

[55] Ebenda S. 108.

[56] Ebenda.

[57] *Wilhelm Röpke*: Die Gesellschaftskrisis der Gegenwart. Erlenbach/Zürich/Stuttgart [5]1948, S. 31. Vgl. dazu auch *Christopher Lasch*: Geborgenheit. Die Bedrohung der Familie in der modernen Welt. Aus dem Amerikanischen, München 1981, S. 18.

[58] Ebenda.

[59] *Wilhelm Röpke*: Jenseits von Angebot und Nachfrage. Erlenbach/Zürich/Stuttgart [3]1958, S. 150.

[60] Ebenda.

all are over old. Of good things none are good enough: – We'll show that we can help to frame a world of other stuff"[61].

Mit derartigen Maximen gerüstet, sind auch die heutigen Konservativen darauf aus, dem grassierenden Werteverfall entgegenzutreten. Eine nüchterne Bestandsaufnahme der in unserer Gesellschaft gültigen ethischen Normen zeige einen nachdenklich stimmenden Wandel unserer Handlungsideale an. Für Klaus Hornung kann die Kritik an dieser Entwicklung nur sinnvoll sein, wenn sie von einem klaren Bewußtsein darüber bestimmt ist, daß auf diese Weise die traditionsorientierten Leitvorstellungen unter die Räder geraten. „Unter dem Druck der Fortschritts-Wirkungen beginnt eine neue geschichtliche Epoche, in der die typisch konservativen Tugenden des Erhaltens, Hegens, Bewahrens"[62] als obsolet empfunden werden.

Arnold Gehlen zufolge werden heute auch noch die letzten Reste einer moralischen Ordnung zerstört, die früheren Generationen als Selbstverständlichkeit galt. „Es scheint der Knoten aufgelöst, an dem alles hing, und jetzt rutschen die Fäden durch. Keine Sache, kein Wert, die nicht bestritten wären"[63]. Für Gehlen hat die permanente Infragestellung der überkommenen Werte zu einer Orientierungsbeliebigkeit geführt, die historisch ohne Vorbild ist. Zur Physiognomie dieses ethischen Verfalls gehöre, daß „Tugenden wie Mut und Selbstopfer als Masochismus diagnostiziert, als sexuelle Fehlfarben erkannt"[64] werden. Werte, die früher auf der Ethikskala eine eindeutig negative Bewertung erfuhren, weisen heute kein pejoratives Vorzeichen mehr auf, „Heute zählen Kriminelle wie Genet oder Albertine Sarrazin ... um so mehr zu den geschätzten Autoren, als sich ihre Vorstrafen als Reklame verwenden lassen"[65]. Die Sicherheit, mit der früher gegenüber dem Laster Distanz gehalten wurde, gehört nun endgültig der Vergangenheit an. „Auf einmal zeigt sich als überraschende Erscheinung, daß ein permanenter Kult des Bösen entsteht, eine wirklich diabolische Tendenz, vor allem im Film gepflegt, in dem ... das Publikum nicht etwa den Untergang des Bösen, sondern das Böse selbst genießt[66].

Auch für Karlheinz Weißmann führen angesichts der heute gang und gäbe gewordenen devianten Verhaltensweisen frühere Normvorstellungen nur noch

---

[61] *Samuel Taylor Coleridge*: Biographia literaria, hrsg. v. *George Watson*, London/New York 1956, S. 17.

[62] *Klaus Hornung*: Die Krise des Fortschritts und das konservative Denken, in: Mut Nr. 227, September 1990, S, 41 f.

[63] *Arnold Gehlen*: Was ist Glück? Ein Symposion der Carl Friedrich von Siemens Stiftung, München 1976, S. 34.

[64] *Arnold Gehlen*: Moral und Hypermoral. Eine pluralistische Ethik, Frankfurt am Main 1973, S. 145.

[65] Ebenda.

[66] Ebenda.

ein Schattendasein. Die „Einbrüche in das Normensystem"[67] würden immer bedrohlicher, die ehemals selbstverständlichen Ansprüche an eine festgefügte Werteordnung immer stärker enttäuscht. In diesem Zusammenhang nimmt er vor allem die „Verwahrlosungserscheinungen in der Jugend"[68] und den offensichtlichen „Verfall von Ehe und Familie"[69] in seinen zeitkritischen Blick.

Für die Konservativen muß das Nachdenken über den Sittenverfall auch die Pornographie berücksichtigen. Auch sie bringt signifikante Muster einer Zeit ans Licht, die weitgehend orientierungslos geworden ist. Dabei geriert sich nach Walter Hoeres der Parteigänger des konservativen Ideenkreises in diesem Zusammenhang nicht als „grämlicher Sittenwächter"[70] sondern als Anwalt eine Bildes vom Menschen, das jeden Anschlag auf seine Würde zurückweist. Er könne „sich niemals damit abfinden, daß der Staat die öffentliche Zurschaustellung von Schamlosigkeit duldet"[71]. Dies widerspreche eindeutig seinem „sittlichen Auftrag"[72].

Die konservativ eingestellten Autoren sind auch der Auffassung, daß der rasante Anstieg der Kriminalität einen Werteverfall sichtbar macht, über den sich nicht mehr durch bloßes Wegschauen oder irenisches Verharmlosen urteilen läßt. Hans-Joachim Schoeps zufolge blickt einen aus diesem Sozialphänomen das Antlitz eines Kulturverfalls entgegen, das seit jeher den politischen Gemeinwesen den sicheren Untergang bescherte. Dabei umfaßt die auch „in den Oberschichten sich immer mehr ausbreitende Hochkriminalität"[73] vor allem „Erpressungsaffären mit Geiselnahmen"[74] und „politisch motivierte Raubüberfälle"[75]. Als ein alarmierendes Anzeichen für den Werteverfall in unserer Gesellschaft muß auch die zögerliche Reaktion der Gerichte auf diese Straftaten bewertet werden. Dezidiert beklagt Schoeps die „systematische Verunsicherung der die ‚weiche' Welle bevorzugenden Justiz"[76]. Angesichts dieses mora-

---

[67] *Karlheinz Weißmann*: Konservative Krisendiagnose – Anspruch und Grenze, in: Abschied vom Abendland?, hrsg. v. *Klaus Motschmann*: Graz/Stuttgart 1997, S. 23.

[68] Ebenda.

[69] Ebenda. Schon Ernst Brandes hat dem liberalen Zeitgeist vorgeworfen, die Familienbande zu zerstören. Vgl. dazu *Hans-Christof Kraus*: Ernst Brandes und der deutsche Zeitgeist um 1800, in: Zeitschrift für Geschichtswissenschaft 47 (1999), S. 320.

[70] *Walter Hoeres*: Konservative Politik – heute noch?, in: Criticón Heft 18, Juli/August 1973, S. 182.

[71] Ebenda.

[72] Ebenda vgl. dazu auch *Hermann Hass*: Sitte und Kultur im Nachkriegsdeutschland, Hamburg 1932, S. 39 ff.; *William S. Schlamm*: Vom Elend der Literatur. Pornographie und Gesinnung, Stuttgart/Degerloch 1966, S. 44 ff.

[73] *Hans-Joachim Schoeps*: Deutschland droht die Anarchie, Mainz ^{3}1972, S. 57.

[74] Ebenda.

[75] Ebenda.

[76] Ebenda.

lischen Niedergangs richtet er seinen Appell an die Bürger der Bundesrepublik, diesem wehr- und standhaft entgegenzutreten. Zu einer ihrer wichtigsten Aufgabe gehöre es, die „Reste bestehender Ordnung mit allen Mitteln"[77] zu verteidigen und auf diese Weise „den Hereinbruch des Chaos zu verhindern"[78].

In Übereinstimmung mit Schoeps nimmt auch Günter Rohrmoser die heutige Kriminalität zum Anlaß, um auf den alarmierenden Werteverfall in unserem Gemeinwesen hinzuweisen. „Wenn man die Interpretationen und Beschreibungen eines in der Regel jungen Tätertyps verfolgt, fällt vor allem die fast unbegreifliche innere Empfindungslosigkeit und Grausamkeit auf, mit der Taten von monströser Scheußlichkeit begangen werden"[79]. Dabei zeige das „tiefste Entsetzen unter Pädagogen und Kommentatoren ... unsere eigene Unfähigkeit, diesem Täterkreis überhaupt begreiflich zu machen, daß er das, was er tut, nicht tun darf"[80]. Der einer kriminellen Handlung überführte durchschnittliche Delinquent habe „einen Zustand jenseits des Gewissens und jenseits der Frage von Gut und Böse erreicht"[81]. Nach Rohrmoser wälzt die grassierende Nonchalance gegenüber dem Werteverfall alle ethischen Bedenken in so starkem Maße nieder, daß sogar der Begriff der Dekadenz angebracht ist. Dieser Terminus „bedeutet ja nichts anderes, als daß eine Gesellschaft sich in ihren normativen Orientierungen gegen die Bedingungen ihrer eigenen Selbsterhaltung zu organisieren beginnt"[82]. Diese Einsicht sollten all diejenigen berücksichtigen, denen das Wohl unseres Volkes und unseres Staates am Herzen liegt. Schließlich sei der „Ruf nach Ethik ... ein neues, unsere Gesellschaft im ganzen tief bestimmendes Bedürfnis"[83].

Dabei begäbe man sich auf einen interpretatorischen Holzweg, wollte man den in Rede stehenden konservativen Kulturkritikern vorwerfen, sie sprächen sich grundsätzlich gegen jeglichen Wertewandel aus. Obgleich sie keinem Pluriversum unterschiedlichster ethischer Wahrheiten das Wort reden, so sehen sie ein gewisses Maß an notwendigen Verhaltensänderungen durchaus als legitimes Faktum an. So steht es für Hans-Christof Kraus außer Zweifel, daß es „nicht nur ‚gute' bewahrens- und erhaltenswerte Arten und Ausprägungen von Tradition, sondern auch negative, die Verderbliches in sich enthalten"[84], gibt.

---

[77] Ebenda S. 58.

[78] Ebenda. Vgl. dazu auch *Hans-Joachim Schoeps*: Der Radikalisierung entgegentreten, in: Die Welt 302, 29. Dezember 1967.

[79] *Günter Rohrmoser*: Der Ernstfall, Berlin/Frankfurt am Main 1994, S. 269.

[80] Ebenda.

[81] Ebenda. Vgl. dazu auch *Roy Kerridge*: Criminal Children, in: The Salisbury Review 17 (1999), S. 16ff.

[82] Ebenda S. 265.

[83] Ebenda S. 264.

[84] *Hans-Christof Kraus*: Verlust der Tradition?, in: Abschied vom Abendland?, hrsg. v. *Klaus Motschmann*, Graz/Stuttgart 1997, S. 32.

Dabei müsse der Konservative sorgfältig prüfen, „von welchen Traditionen wir uns trennen können oder auch müssen und von welchen nicht“[85]. Schließlich sei nicht „jede Tradition, jede Überlieferung, jede Institution, jede Lebensform, jeder Ritus bewahrenswert“[86].

Nicht nur von liberalen und konservativen Autoren wird die Wertebeliebigkeit unserer Gesellschaft kritisiert. Diese Denkweise hat auch Eingang in die linke Gesinnungsfamilie gefunden. In vielen ihrer Abhandlungen artikuliert sich der Anspruch, einer normunsicheren Welt den Weg zu weisen.

So steht es für den ehemaligen Bundeskanzler Helmut Schmidt fest, daß „uns Deutschen ein Verfall von Werten und Tugenden droht“[87]. Scharf geht er mit denjenigen ins Gericht, für die „Gemeinwohl, Nächstenliebe, Pflichtgefühl und Verantwortungsbewußtsein ... veraltete Ideale“[88] sind. Dabei beklagt er einen gravierenden Werteverfall vor allem bei den Heranwachsenden. „Wir beobachten eine zunehmende Kriminalität und Brutalität bei Jugendlichen, sogar bei Kindern in der Schule. Nicht nur, daß sie die Wände mit Parolen und Pornographie beschmieren; noch mehr ärgert uns, daß der kriminelle Jugendliche, der heute bei einem Autodiebstahl oder als Drogendealer gefaßt wird, am nächsten Tag vom Haftrichter wieder auf freien Fuß zu setzen ist“[89]. Dabei lastet er den Massenmedien an, diesen Wertetohuwabohu in entscheidendem Maße mitverursacht zu haben. Ihnen sei vorzuwerfen, in wie starkem Maße sie die überkommenen ethischen Ideale in den Sammelbehälter des pekuniären Utilitarismus geworfen zu haben. „Der erzieherische Einfluß von mehreren Dutzend Fernsehkanälen und zigtausend Videos, die man sich billig ausleihen kann, ist überwiegend negativ“[90]. Wer „täglich Mord und Totschlag, Vergewaltigungen und andere Gewaltverbrechen ins Zimmer liefert“[91], der könne kaum als Garant des abendländischen Werteethos bezeichnet werden.

Dabei sollte Schmidt zufolge die ostentative Verachtung vieler Linker gegenüber konservativen Wertvorstellungen nicht darüber hinwegtäuschen, daß diese

---

[85] Ebenda.

[86] Ebenda S. 37. Nikolaus Lobkowicz trauert beispielsweise der antiken Gesellschaft in keiner Weise nach. Im Altertum konnte man sich ein sittliches Leben nur in einer Sozietät vorstellen, „in der es mehr Sklaven als Herren gibt“ (Zur philosophischen Problematik des Wertewandels, in: Wertewandel-Rechtswandel, Gräfelfing 1997, S. 175). Begrüßenswert sei auch, daß sich heute „Mann und Frau ... mit mehr personalem Respekt“ (ebenda S. 176) als früher ansehen.

[87] *Helmut Schmidt*: Auf der Suche nach einer öffentlichen Moral, Stuttgart 1998, S. 217.

[88] Ebenda S. 20.

[89] Ebenda S. 20 f.

[90] Ebenda S. 21.

[91] Ebenda.

keineswegs in den historischen Abfalleimer gehören. Es sei das Verdienst konservativer Autoren, „uns den Verfall als Menetekel an die Wand“[92] geschrieben zu haben. Dabei sei der notwendige Hinweis auf die brüchigen Stellen unseres Moralgewebes nicht nur ihre Sache, sondern auch diejenigen der Linken. Daß sein Gesellschaftsideal und die alte Tugendlehre sich gegenseitig nicht ausschließen, sondern vielmehr ergänzen, daran läßt er auch nicht den geringsten Zweifel aufkommen. Die Sicht auf unsere wertenegierende Gesellschaft werde mit erheblichen perspektivischen Verkürzungen erkauft, wolle man ihre moralischen Wahrheiten aus dem Blick nehmen. In diesem Zusammenhang erweist sich Schmidt als überzeugter Anhänger der christlichen Verhaltenslehre. „Neben den drei ‚theologischen Tugenden‘ Glaube, Liebe und Hoffnung stützen wir uns auf die vier ‚Kardinaltugenden‘, nämlich Klugheit, Gerechtigkeit, Tapferkeit und Maß“[93].

Angesichts des vom Sozialdemokraten Helmut Schmidt konstatierten Werteverfalls hält Helmut Dubiel dafür, daß mit den klassischen Deutungsmustern aus dem Fundus des Trivialprogressismus die Defizienzen unserer Sozietät nicht mehr auf den ethischen Begriff zu bringen sind. Für ihn sind „jene traditionalen und sozialmoralischen Polster, auf deren Basis Modernisierung überhaupt hätte beginnen können, ... heute durchgescheuert und verbraucht“[94]. Die Eigenart der modernen Gesellschaften bestimmt sich in der Jetztzeit durch eine „früheren Jahrhunderten schier unvorstellbaren Entbindung der Mittel politischer Selbsteinwirkung aus allen Schranken der Tradition“[95].

In ähnlicher Weise zeichnet Alfred Weber dieses Verfallsphänomen auf einem pessimistischen Hintergrund nach. Ihm zufolge zehren die Leitlinien der modernen Kultur nicht mehr von den traditionsbestimmten Werten, sondern bestimmen sich durch ihre Beliebigkeit. Nicht einmal das Echo der alten Tugendlehre werde mehr wahrgenommen. Die geistige Nahrung, die die große Masse in sich aufnimmt, bezeichnet der sich zur Sozialdemokratie bekennende Soziologe ohne Umschweife als „einen vollständigen geistigen Brei“[96]. Das was vor allem durch die Medien auf die Menschen einstürze, sei kein Meisterstück existentieller Erhellung und kein Musterfall einer sie veredelnden Absicht. „Wie ein Massenregen ergießt sich heute Wertvolles und Wertloses diskontinuierlich mischend, ein von geistigen Geschäftemachern fabrizierter praktischer Nihilis-

---

[92] Ebenda S. 13.

[93] Ebenda S. 201.

[94] *Helmut Dubiel*: Der Fundamentalismus der Moderne, in: Merkur 46 (1992), S. 759.

[95] Ebenda S. 760.

[96] *Alfred Weber*: Mensch und Gesellschaft, in: Das Weltbild unserer Zeit. Versuch einer geistigen Bestandsaufnahme, hrsg. v. der *Arbeitsgemeinschaft sozialdemokratischer Akademiker*, Nürnberg 1954, S. 135.

mus auf den modernen Menschen der Masse. Aufgelöstes bietend und Auflösung vermittelnd“[97].

Auch für viele Kirchenführer verfestigt sich die moderne Kultur zum objektiven Befund eines Systems, das vom Werterelativismus bedroht ist. Für Papst Johannes Paul II. spiegelt sich in ihm ein äußerst fragwürdiges Verhältnis zum christlichen Ethos. Sich als Lotse in einer ethisch fragwürdigen Welt verstehend, warnt er vor einer stets zunehmenden „Verdunkelung fundamentaler sittlicher Grundsätze und Werte“[98]. Dabei stelle sich nicht zuletzt auch die demokratische Ordnung als ein Handlungsgefüge dar, das vom „ethischen Relativismus“[99] bedroht ist. Auf diese Weise gerate das politische Gemeinwesen in Gefahr, „jeden sicheren sittlichen Bezugspunkt“[100] aus dem Auge zu verlieren. Dabei rückt auch die kapitalistische Wirtschaftsordnung in den kritischen Blick des Pontifex. Es sind vor allem deren Mißbräuche, die seine ablehnende Aufmerksamkeit erregen. Unnachsichtig geißelt er den „Ökonomismus“[101], der die „menschliche Arbeit ausschließlich nach ihrer wirtschaftlichen Zielsetzung betrachtet“[102]. Seine Kritik an den Defizienzen eines „wilden Kapitalismus“[103] verbindet der gegenwärtige Papst mit dem Hinweis, daß es „‚Samenkörner‘ der Wahrheit in sozialistischen Programmen“[104] gibt. Die Klammer, die sie miteinander verbindet, ist ihr ausgepräger Sinn für soziale Gerechtigkeit. Aus diesem Grunde müsse dafür Sorge getragen werden, daß sie „nicht vernichtet werden“[105].

In gleicher Weise spiegelt sich für Kardinal Ratzinger die moralische Tragödie unserer Zeit in einer Einstellungsmentalität, der alle objektiv gültigen ethischen Normen abhanden gekommen sind. Auf der Suche nach den Ursachen des gegenwärtig grassierenden Werterelativismus kommt er zu dem Ergebnis, daß diese in der solipsistischen Grundeinstellung des heutigen Menschen wurzeln. „Jeder bestimmt sich selbst seine Maßstäbe, und in der allgemeinen Relativität kann auch niemand dem anderen dabei behilflich sein, noch weniger ihm

---

[97] Ebenda S. 136.

[98] *Papst Johannes Paul II.*: Enzyklika Veritas splendor, 6. August 1993, Bonn 1993, S. 101.

[99] Ebenda S. 97.

[100] Ebenda.

[101] *Papst Johannes Paul II.*: Enzyklika Laborem exercens, 14. September 1981, Bonn 1981, S. 29.

[102] *Papst Johannes Paul II.*: Exklusiv-Interview mit der Zeitschrift Die Woche, 4. November 1993.

[103] Ebenda.

[104] Ebenda.

[105] Ebenda.

Vorschriften machen"[106]. In dieser von den einzelnen Ichs gesteuerten Normenwelt gebe es „kein Oben und kein Unten mehr"[107]. Was bei wohlwollenden Analytikern dieser Wertewelt als freiheitserweiternde Errungenschaft erscheint, nimmt bei Ratzinger einen zutiefst beklagenswerten Charakter an. „In einem solchen ‚relativistischen' Kontext wird teleologische oder konsequentalistische Ethik letztlich nihilistisch"[108].

Auch der protestantische Christ Alexander Evertz sieht in der modernen Sozietät Tendenzen am Werk, die auf eine Entsittlichung aller Lebensbereiche drängen[109]. In immer stärkerem Maße löse man die Handlungen aus ihren moralischen Verpflichtungen und schiebe sie auf diese Weise in das Gebiet des Beliebigen und Zufälligen hinein. In der Gegenwart gehe das allgemeine Credo in der Überzeugung auf, daß die Führung eines lustbetonten Lebens allein imstande ist, dem Leben einen Sinn zu verleihen. „Heute ist das Genußideal nahezu das einzige Band, das die Glieder unserer pluralistischen Gesellschaft miteinander verbindet"[110] Dem ubiquitär vorherrschenden Glücksstreben wohne die Vorstellung inne, „alles haben und genießen zu können, was unsere moderne Wohlstandskultur anzubieten hat"[111]. In ihrem hedonistischen Universum herrsche „eine Stimmung wie in den zoologischen Gärten zur Zeit der Fütterung"[112]. Alles „drängt zu den Krippen, in denen das Futter der irdischen Glücksgüter ausgelegt ist"[113]. Wenn das alleinige Motiv der Lebensführung in der Hoffnung begründet ist, sein persönliches Glück maximieren zu können, geraten die vom Christentum verkündeten Wertmaßstäbe in Gefahr. In dem Maße, in dem „das Genußideal an die oberste Stelle rückt, ... vollzieht sich ein ungeheurer sittlicher Erdrutsch"[114]. Im Horizonte der entgrenztesten Bedürfnisbefriedigung sind dann „Selbstzucht, Sitte und Reinheit ... keine ethischen Werte mehr, sondern unzeitgemäße Dummheit"[115].

---

[106] *Joseph Kardinal Ratzinger*: Vom Wiederauffinden der Mitte. Grundorientierungen. Texte aus vier Jahrhunderten, Freiburg/Basel/Wien 1997, S. 278.

[107] Ebenda S. 277.

[108] Ebenda.

[109] Die konservative Sichtweise von Alexander Evertz wird allerdings nicht von allen Protestanten geteilt. Vgl. dazu *Johannes Rogalla von Bieberstein*: Wer will in der Rheinischen Landeskirche die christliche Ehe schlachten?, in: Bekenntnisbewegung Kein anderes Evangelium. Regionale Informationen für das Rheinland Nr. 41, Dezember 1998, S. 17 ff.

[110] *Alexander Evertz*: Der Abfall der evangelischen Kirche vom Vaterland, Velbert und Kettwig [3]1965, S. 38.

[111] Ebenda S. 39.

[112] Ebenda.

[113] Ebenda.

[114] Ebenda.

[115] Ebenda.

Eine nähere Bestimmung dieses Sittenverfalls kann nach Evertz auch mit dem Hinweis gegeben werden, daß heute mit der Propagierung der Antimoral Geld zu verdienen ist. Ein Höchstmaß dieser pekuniären Unbekümmertheit finden wir bei den „modernen Literaten und Filmproduzenten"[116]. Sie zeichnen sich durch ein feines Gespür dafür aus, in wie starkem Maße man Geld verdienen kann, wenn man seinen „Geist im Negativen"[117] glänzen läßt. Ohne Rücksicht auf die ethisch bedenklichen Folgen ihres Handelns betrieben sie „ihr seelisches Zerstörungswerk"[118].

Wie Alexander Evertz, so polemisiert auch Helmut Thielicke gegen die von Gewinnaspirationen gesteuerte Indienststellung des sittlichen Verfalls durch die Massenmedien. Diese erscheint ihm im Prisma einer Fehlhaltung, die zu einem lautstarken Protest auffordert. Dem bedeutenden Theologen zufolge wird „Freiheit innerhalb mancher Bezirke unserer Presse nicht selten als das Recht in Anspruch genommen, in die Intimbezirke einzubrechen, die Schlafzimmergeschichten sehr banaler Geschöpfe auszuwalzen und auf den Titelblättern der Illustrierten fragwürdige Leitbilder in die unbewußte Bildschicht einzustrahlen"[119]. In einer Gesellschaft, in der die Freiheit als die Möglichkeit verstanden wird, „sich einen bestimmten Lebensstandard leisten und nach Belieben konsumieren zu können"[120], könne man sich mit der Vermarktung des ethisch Bedenklichen Traumvillen und heizbare Swimming-pools ... zulegen"[121].

Daß die christlichen Wertvorstellungen ihre Wirkkraft weitgehend eingebüßt haben[122], daran tragen nach der Auffassung vieler Zeitbeobachter die Kirchen selber ein gewisses Maß an Mitverantwortung. So ist Hans Maier der Ansicht, daß ihnen der Mut zum beherzten ethischen Urteil manchmal fehlt. Sie ließen oft eine Einstellung erkennen, die ein erhebliches Quantum an Nachsicht und Largesse aufweist. So versäumten sie es in zunehmendem Maße, „eine verbindliche Verhaltenslehre"[123] zu verkünden. Für Maier kann die „Grenze der Wirksamkeit christlicher Tradition"[124] nur dann durchbrochen werden, wenn sich die

---

[116] Ebenda.

[117] Ebenda.

[118] Ebenda.

[119] Helmut Thielicke: An die Deutschen, Tübingen [2]1962, S. 11 f.

[120] Ebenda S. 11.

[121] Ebenda S. 12.

[122] Der protestantische Theologe Martin Dibelius stellt im Jahre 1932 fest, daß die „Kirche ... an Einfluß ungeheuer verloren" hat (Über die Zerstörung der Bürgerlichkeit. Ein Vortrag im Heidelberger Marianne-Weber-Kreis 1932, hrsg. v. *Friedrich Wilhelm Graf*, in: Zeitschrift für neuere Theologiegeschichte 4 [1997], S. 148).

[123] *Hans Maier*: Im Flutlicht sieht man jedes Foul.

[124] Ebenda.

christlichen Glaubensgemeinschaften wieder zu einem „inhaltlichen Katalog der Verantwortungen“[125] aufraffen.

In diesem Zusammenhang wird die Katholische Kirche ausgesprochen ambivalent in den Blick genommen. Während Eugène Ionesco ihr vorwirft, „aus Angst außerhalb der Geschichte zu sein“[126] in „der Geschichte aufgehen“[127] zu wollen, fällt das Urteil von Johannes Gross wohlwollender aus. Er rechnet es ihr hoch an, daß sie noch den Mut besitzt, in ihren von jedermann als altmodisch empfundenen Weisungen das „Kontinuum der ... Verkündigung der Gebote Gottes“[128] zu wahren.

2. Die Werteproblematik in der Wettbewerbs- und Wohlstandsgesellschaft

Die insbesondere von den Repräsentanten der Kirchen geübte Kritik am ökonomistischen Geist unserer Gesellschaft gibt Veranlassung, die Konkurrenzökonomie und ihre Gesellschaft prinzipiell in den analytischen Blick zu nehmen. Nach der Auffassung vieler Autoren evoziert das moderne System der Bedürfnisse eine Denkhaltung, die der abendländischen Gesittung an der Wurzel fremd ist[129].

Dabei beklagte schon im 19. Jahrhundert Alfred de Musset, daß die ökonomistische[130] Denkweise zur alleinbestimmenden Weltanschauung avancierte. Für ihn ist die soziale Figur des Wirtschaftsbürgers als ein radikaler Gegenentwurf zu all den Wertvorstellungen zu begreifen, die früheren Jahrhunderten ihr Gepräge verliehen. In der vom pekuniären Geist bestimmten Gesellschaftsordnung von heute degenerieren die Beziehungen zwischen den Menschen zum reinen Zweckverhältnis. „Wenn wir die Bande, die die Menschen miteinander verknüpfen, ins Auge fassen, so besteht die Freundschaft darin, daß man Geld

---

[125] Ebenda.

[126] *Eugène Ionesco*: Gegengifte. Aus dem Französischen, München 1979, S. 158.

[127] Ebenda.

[128] *Johannes Gross:* Gehorsam als christliche Tugend. Eine Laienpredigt, in: Frankfurter Allgemeine Zeitung Nr. 298, 24. Dezember 1981.

[129] Theodor Steinbüchel vertritt die Auffassung, daß besonders das Bürgertum „weltanschaulich ... diesseitig ausgerichtet“ ist. (Zerfall des christlichen Ethos im XIX. Jahrhundert. Frankfurt am Main 1951, S. 38). Es halte sich deswegen vornehmlich an „die weltliche Moral und die Wissenschaft“ (ebd.).

[130] Ulrich Matz definiert Ökonomismus als eine „Werthaltung, die die Lebenswelt in ökonomischen Kategorien interpretiert und an ihnen mißt“ (Ökonomismus, Hedonismus und die Leitbilder der Demokratie, in: Werte. Leitbilder. Tugenden, hrsg. v. *Klaus Weigelt*, Mainz 1985, S. 364).

verleiht"[131]. Zentral- und Angelpunkt dieser auf einen utilitaristischen Ton gestimmten Sozietät sei der materielle Wohlstand. „Der Mensch ... besitzt eine größere oder geringere Menge von Stücken aus gelbem oder weißem Metall, die ihm Anspruch auf mehr oder weniger Beachtung verleihen"[132].

Wie im 19., so richten auch im 20. Jahrhundert viele Autoren ihre warnende Stimme gegen die ethischen Gefahren, die aus der Durchökonomisierung der Gesellschaft resultieren. Sie sind alle mit Georges Bernanos der Auffassung, daß heute „das Geld ... nach und nach alles"[133] gewonnen hat, „was die Ehre verlor"[134].

Wenn es ein Leitmotiv gibt, das den modernen Industrialismus zusammenhält, dann ist es auch für Robert Saitschick dessen unausgesprochene Absicht, „das ganze Leben ... dem Gelde"[135] unterzuordnen. Diesem Ziel eignet eine so ungeheure Wirkkraft, daß „selbst die Luft ..., wenn die Wissenschaft die Werkzeuge dazu böte, zum Verkauf auf Flaschen gezogen"[136] würde. In dieser Einstellungshaltung kommt eine Sichtweise zu Wort, die auf ihre gesamtgesellschaftlichen Folgen auch nicht die mindeste Rücksicht nimmt. Mit ihrem rigiden Gültigkeitsanspruch zerstört sie das Ganze. Nach Saitschick kann der „Industrialismus in seinem schrankenlosen Streben die Gesundheit eines ... Volkes vernichten"[137]. Die Koordinaten seines Gesellschaftsbildes sind darauf aus, die Wirtschaft „zu einem Fetisch und die Dividende zu einem Abgott"[138] zu machen.

Daß es im Beziehungsgespinst des modernen Systems der Bedürfnisse zu einer Wertumkehrung kommt, darauf hat auch Christian Nürnberger verwiesen. Mit überzeugenden Argumenten legt er den Zusammenhang zwischen einer auf rein wirtschaftliche Kategorien reduzierten Denkweise und der daraus resultierenden Zerstörung nichtökonomischer Tugenden frei. Seiner Auffassung nach bestimmt in unserer Wirtschaftsgesellschaft „letztlich der Markt die Nor-

---

131 *Alfred de Musset*: Bekenntnisse eines Kindes seiner Zeit. Aus dem Französischen, Berlin 1915, S. 17.

132 Ebenda.

133 *Georges Bernanos*: Welt ohne Freiheit. Aus dem Französischen, Wien 1947, S. 38.

134 Ebenda.

135 *Robert Saitschick*: Die geistige Kraft der europäischen Menschheit. Eine in die Zeit hineinleuchtende Betrachtung, Zürich 1924, S. 71.

136 Ebenda.

137 Ebenda.

138 Ebenda. Für Claus Koch gibt es heute keine Nischen mehr, „die nicht durch kapitalistische Rationalität organisiert und durchformt" werden (Im Diesseits des Kapitalismus, in: Merkur 51 [1977], S. 763).

men"[139]. In ihrem Wertesystem ist „gut, ... was erfolgreich ist und schlecht, was sich nicht verkaufen läßt"[140].

Dieser Geist bestimmt auch die Wirkmechanismen unserer Massenmedien. Sie sind so auf einen utilitaristisch-ökonomistischen Ton gestimmt, daß sie alles vermarkten, was in irgendeiner Weise profitabel ist. Nach Stephan Wehowsky verschmähen sie auch nicht den Rekurs auf die fragwürdigsten Geschmacklosigkeiten. Sie „leben von der Vermarktung einer Gewalt"[141], die „eigentlich so viel Abscheu erregen sollte, daß sich an ihr nicht verdienen läßt"[142]. Auch daß bei den „öffentlichen Diskussionen intimer Details"[143] die Trennungslinien zwischen dem Schicklichen und Unschicklichen zerfließen, rege niemanden mehr auf. Wehowskys ostentative Verachtung dieser Mißstände führt ihn dazu, von einem „Schweinestall"[144] zu sprechen.

Jeglicher Versuch, den Ökonomismus unserer Gesellschaft zu dechiffrieren, muß auch die Verhaltensweise desjenigen in den Blick nehmen, der sich in ihren Betrieben auf die Karriereleiter begibt. Fächert man die Fülle seiner Verhaltensvariationen auf, so zeigt sich, daß diese höchst limierten Zielvorstellungen verpflichtet sind. Für Philippe Thureau-Dangin zählen im unerbittlichen Kampf um den sozialen Aufstieg nur Tugenden, die auf einen sozialdarwinistischen Ton gestimmt sind. Menschen, deren „einziges geistiges Gepäck die Kampferfahrungen auf dem Weg an die Spitze"[145] ist, erweisen sich in höchstem Maße als „intolerant gegenüber allem, ... was außerhalb des Konkurrenzkampfes steht"[146]. Um ihrem sozialen Aufstiegsverhalten ein Höchstmaß an Effektivität abzugewinnen, führen sie ein Leben „voller aggressiver Selbstverleugnung, pseudokriegerischer Tricks und vermeintlicher Gewaltstreiche"[147]. Die Sicherheit, mit der sie zu anderen Lebensweisen Distanz halten, stellt augenfällig unter Beweis,

139 *Christian Nürnberger*: Mord am Sonntag. Wer Werte zur Disposition stellt, hat sie schon aufgegeben, in: Süddeutsche Zeitung Nr. 83, 9./10. April 1998.

140 Ebenda.

141 *Stephan Wehowsky*: Die Kultur der Barbarei, in: Neue Zürcher Zeitung. Internationale Ausgabe Nr. 93. 22./23. April 1995. Vgl. dazu auch *Robert Hughes*: Why watch it, anyway?, in: The New York Review of Books, February 16, 1995.

142 Ebenda.

143 Ebenda.

144 Ebenda. Vgl. dazu auch *Jürgen Liminski*: Die Medien und der Mythos von der Wahrheit, *Stefan Rehder/Matthias Wolff* (Hrsg.): Der Wahrheit verpflichtet, Würzburg 1998, S. 63.

145 *Philippe Thureau-Dangin*: Die Beine der Konkurrenz, in: Frankfurter Allgemeine Zeitung Nr. 212, 12. September 1998.

146 Ebenda.

147 Ebenda.

daß „sie keine anderen Werte zu vermitteln“[148] in der Lage sind. Der Rekurs auf „das Recht des Stärkeren“[149] verhindert dies.

Der von Thureau-Dangin ins kritische Licht gerückte Aufstiegstypus handelt ohne Zweifel nach den Vorgaben, die in der ökonomischen Theorie des Verhaltens enthalten sind. Bei ihr wird der Topos vom egoistischen, allein auf seinen Vorteil bedachten Menschen zum Kristallisationspunkt eines Bemühens, das in höchst reduktionistischer Weise die Handlungsantriebe des Menschen zu erklären sucht. Nach Gary Becker ist bei ihm immer ein Nützlichkeitsaspekt im Spiel. Dieser verweist keineswegs auf die ganze Fülle der Motivationen, sondern rückt nur die utilitaristische Sichtweise ins Licht. So hält er allen Ernstes dafür, „daß der ökonomische Ansatz so umfassend ist, daß er auf alles menschliche Verhalten anwendbar ist“[150]. Alle Bevölkerungsgruppen befleißigen sich der wirtschaftlichen Nutzenmaximierung, seien es „reiche oder arme Menschen, Männer oder Frauen, Erwachsene oder Kinder, kluge oder dumme Menschen, Patienten oder Therapeuten, Geschäftsleute oder Politiker, Lehrer oder Schüler“[151]. Becker ist stolz darauf, daß er im Horizonte des ökonomischen Ansatzes Fragen der „Fruchtbarkeit, der Erziehung, des Zeitbudgets, der Kriminalität, der Heirat“[152] in heuristisch erfolgreicher Weise in den Blick genommen hat. Dies stelle unter augenfälligen Beweis, in wie starkem Maße sich diese Erklärungsweise weder „auf materielle Güter und Wünsche ... noch allein auf den Marktbereich“[153] reduzieren läßt. In ihrem Mittelpunkt stehen also nicht nur der Austausch von Gütern und Dienstleistungen[154].

Auch der ökonomische Erklärungsansatz James M. Buchanans steht im Zeichen des seinen wirtschaftlichen Vorteil suchenden Individiuums. An die Stelle holistischer Zuordnungen wird der gewinnmaximierende Wirtschaftsbürger gesetzt[155]. Buchanan löst seine Überlegungen in dem Maße aus dem überkommenen Topos der Gemeinschaftsverpflichtung des Einzelnen, indem er ihn dazu auffordert, seinen Egoismus gemeinwohlgerecht auszuleben. „Because persons will tend to maximize their utilities, institutions must be designed so that indi-

[148] Ebenda.

[149] *Philippe Thureau-Dangin*: Die Ellbogen-Gesellschaft. Vom zerstörerischen Wesen der Konkurrenz. Aus dem Französischen, Frankfurt am Main 1998, S. 85.

[150] *Gary S. Becker*: Der ökonomische Ansatz zur Erklärung menschlichen Verhaltens. Aus dem Amerikanischen, Tübingen 1982, S. 7.

[151] Ebenda.

[152] Ebenda.

[153] Ebenda S. 5.

[154] Ebenda. Vgl. dazu auch Gary *S. Becker/Guity Nashat Becker*: Die Ökonomik des Alltags. Aus dem Amerikanischen, Tübingen 1998.

[155] *James M. Buchanan*: The Economic Theory of Politics Reborn, in: The Challenge, March/April 1988, S. 4.

vidual behavior will further the interests of the group, small and large, local or national"[156]. Der Individualismus Buchanans findet seine Entsprechung auch in der Auffassung, daß sich die wirtschaftlichen Akte der Bürger einer ethischen Bewertung entziehen. Es verrate ein höchst borniertes Menschenbild, wollte man seine Handlungen auf das Prokustesbett einer wie immer gearteten Sozialmoral legen. Die Unterscheidung zwischen schuldig und nichtschuldig ergibt nur vor dem Strafgericht einen Sinn. In der Politik verblaßt diese Perspektive zur Kompensation eines unangebrachten Moralismus. „For matters of ordinary politics, the question is not one of truth or falsity of the alternatives"[157]. In wie starkem Maße auf diese Weise die Trennungslinien zwischen guten und bösen Handlungen verwischt werden, dafür gibt Buchanan ein eher simpel anmutendes Beispiel. Er macht seinen werteindifferenten Standpunkt am Beispiel einer Kirchengemeinde, die ihr Gotteshaus neu zu streichen beabsichtigt, klar. „The membership of a congregation decides, somehow, that the church-house is to be painted blue rather than green, but it is inappropriate to talk of either color as being the ‚true' one"[158].

Einem wissenschaftlichen Jünger der Muse Clio blieb es sogar vorbehalten, seinen religionsgeschichtlichen Erkenntnisgegenstand aus dem Geiste der Ökonomie heraus zu interpretieren. Dabei wendet Rodney Stark bei seiner Untersuchung des frühen Christentums „models of religious economies"[159] an. In diesem Zusammenhang nimmt er besonders das Schicksal der Märtyrer in seinen begrenzten Blick. Bei ihrem Opfertod handele es sich um einen von ihnen rational kalkulierten Vorgang, um „sacrifice as rational choice"[160]. Letzten Endes geben sie sich als „reward seeking beings"[161] zu erkennen, die nüchtern über „advantages and disadvantages"[162] ihrer Verhaltensweise kalkulieren. Daß bei der Besinnung auf die utilitaristischen Beweggründe der Blutzeugen ihr christlicher Wertekosmos aus dem Blick verdrängt wird, versteht sich von selber. Wenn Rodney Stark an diesem Interesse gehabt hätte, wäre er wohl nicht auf sein eindimensionales Erklärungsmodell verfallen.

Ein Zug dieser Gesinnung tut sich auch bei Horst Claus Recktenwald kund, wenn er vorschlägt, die Theologen in die Schule der Nationalökonomie zu schicken. Auf diese Weise könnten sie lernen, daß die ethischen Probleme der

---

[156] Ebenda S. 10.

[157] Ebenda S. 5.

[158] Ebenda.

[159] *Rodney Stark*: The Rise of Christianity. A Sociologist Reconsiders History, Princeton N. J. 1996, S. XII.

[160] Ebenda S. 162.

[161] Ebenda S. 168.

[162] Ebenda S. 169.

Gegenwart nicht mehr mit den Deutungsmustern einer überlebten Moralvorstellung zu lösen sind. Seine ökonomistische Argumentation erreicht ihren Kulminationspunkt, wenn er behauptet, daß die christliche Ethik „von den Methoden der Wirtschaftswissenschaft fruchtbare Impulse“[163] empfangen könnte. Letzten Endes sei „ethische Erkenntnis nicht in einer spekulativen Welt des Idealisierten, sondern nur in einer realistischen Welt knapper Ressourcen“[164] zu gewinnen. Eine nähere Bestimmung für seine ökonomisch eingefärbte Moralkonzeption gibt Recktenwald mit dem Hinweis, daß die Wirtschaftswissenschaft in der Lage ist, die „Leerformel ‚Gerechtigkeit‘ inhaltlich“[165] auszufüllen. Nur diese akademische Disziplin sei fähig, „ihre Widersprüche und Grenzen“[166] offenzulegen. Sie sei auch imstande, „das Widernatürliche oder Utopische“[167] von sozialen Gleichheitsforderungen zu erkennen. Dabei fördere der Mut zum ökonomischen Ethikurteil die Erkenntnis zutage, daß „das Gegenteil von ‚gut‘ nicht ‚schlecht‘, sondern ‚gut gemeint‘ ist, weil man nicht zu Ende denkt“[168]. Leider meide die christliche Sozialethik die Brille des Realitätsbezugs. Indem sie ihre Postulate in ihrer Eigenbewegung reflektiere, evoziere sie überzogene Hoffnungen und illegitime Ansprüche. Recktenwald zufolge hat „die christliche Morallehre bis heute keinen rechten Zugang zur ökonomischen Ethik und deren freiheitlicher Ordnung gefunden“[169].

Die moderne Nationalökonomie gibt sich in den Augen E. Jordans überhaupt als eine Disziplin zu erkennen, die alles Ökonomistische abzuweisen scheint, um sich umso deutlicher zu ihm bekennen zu können. Sie akzentuiert die Fragen des Güteraustausches mit gelehrter Tiefenschärfe und vergißt darüber, die uralte Frage nach dem guten Leben zu beantworten. In diesem Sinne schreibt Jordan: „In economic connections we try to picture the person as a center of energy, and this energy is restricted for the most part to expression in production. Objects produced and called ‚goods‘ we try to think in a system which has no relation to ethical principle“[170]. Bei dieser dogmatischen Konzentration auf die Warenwelt ergeben sich Widersprüche, die den Erkenntnisgewinn entscheidend schmälern. „The ambiguity of the term ‚good‘ in such a use throws the

---

163 *Horst Claus Recktenwald*: Ökonomische und christliche Ethik. Mißverständnisse trotz zahlreicher Gemeinsamkeiten, in: Neue Zürcher Zeitung, Fernausgabe Nr. 48, 26. Februar 1988.

164 Ebenda.

165 Ebenda.

166 Ebenda.

167 Ebenda.

168 Ebenda.

169 Ebenda.

170 *E. Jordan*: The Role of Philosophy in Social Crisis, in: Ethics LI (1941), S. 389.

system of objects into a fraudulent confusion and the theory of the nature of ‚goods' into pathetic and contradictory futility"[171].

Da im Weltbild der ökonomistischen Denkweise die alte Lehre vom guten Leben negiert wird, hat sich nach Alexander Solschenizyn die von ihr geprägte Gesellschaft auf einen ethischen Holzweg begeben. Sie läßt keinerlei Grundsätze mehr erkennen, die an die klassische Tugendlehre der Alten gemahnen. Auf dem Boden dieser Argumentation kommt der russische Denker zu dem Ergebnis, daß wir eine höchst illegitime Werteverschiebung zu konstatieren haben. „Das Wachstum materiellen Wohlstands hat einen Prozeß geistiger Zersplitterung"[172] zur Folge gehabt. Diese Fehlentwicklung sollte allerdings nicht darüber hinwegtäuschen, in wie starkem Maße „der wichtigste Prozeß in der Kultur auf Weiterentwicklung, Bereicherung und Verbesserung des immateriellen Lebens"[173] beruht.

Diese kritische Ermahnung des großen Russen scheint allerdings bei Guido Westerwelle auf keinen fruchtbaren Boden gefallen zu sein. Seine Perspektive ist auf die Auffassung gerichtet, daß die „Ökonomisierung ... zwangsläufig und zugleich notwendig ist"[174]. Nach den Folgen einer Sichtweise, die im gesellschaftlichen Universum nur den ökonomischen Fixstern kennt, fragt er nicht. Er stellt sie frei nach Max Weber Gott anheim.

Bei der Kritik an der Durchökonomisierung unserer Gesellschaft sollte auch die Tatsache Berücksichtigung finden, daß die marktwirtschaftliche Ordnung an ihrem Anfang noch im Spannungsfeld von überlieferten ethischen Normen einerseits und dem Tauschprinzip andererseits ihre Konturen gewann. In dieser Zeit waren noch nicht alle Gesellschaftssektoren vom ökonomischen Kalkül bestimmt, in das Korsett der wirtschaftlichen Aufwands- und Ertragsrechnung gezwängt. Eugen Rosenstock-Huessy zufolge bestanden „während des ganzen

---

[171] Ebenda. Vgl. dazu auch *Friedrich Romig*: Wirtschaft der Mitte, Salzburg 1955, S. 79 ff.

[172] *Alexander Solschenizyn*: Das Ende der Kultur. Die Macht des Geldes, in: Welt am Sonntag Nr. 44, 2. November 1997.

[173] Ebenda.

[174] *Guido Westerwelle*: Des einen Hoffnung, des anderen Furcht. Über alte und neue Staatsfeinde, in: Frankfurter Allgemeine Zeitung Nr. 130, 8. Juni 1998. Ein augenfälliges Beispiel für diese in Rede stehende Ökonomisierung ist auch in der Warnung Dieter Hundts zu sehen, an der althergebrachten Sonntagsheiligung festzuhalten. In diesem Zusammenhang nimmt er vor allem die Kirchen in sein kritisches Visier. Seiner Auffassung zufolge sollten die Politiker „bei ihren Entscheidungen bedenken, daß nicht die Kirchen, sondern die Wirtschaft die Arbeitsplätze schafft und sichert und daß deshalb auch die Forderungen der Industrie ... vor denen der Kirche" Vorrang haben müssen (FAZ-Magazin 11. Woche. Heft 785, 17. März 1995).

letzten Jahrhunderts ... zwei Zivilisationen nebeneinander“[175]. Dabei habe die industrielle Revolution „zu den noch bestehenden alten Werten der Gesellschaft ... lediglich etwas Neues hinzugefügt“[176]. In dieser Zeit sei eine „Flucht aus der technischen Welt noch möglich“[177] gewesen. Bis in die Zeit des Ersten Weltkrieges hinein habe man „Invasionen in das Territorium der vorindustriellen Welt“[178] hinein unternehmen und die „moralischen Sicherungen und Hemmungen, physischen Instinkte und Talente der vorkapitalistischen Zeit“[179] in Anspruch nehmen können. Heute dagegen komme man kaum um die Erkenntnis herum, daß „die Ausbeutung der Vergangenheit ... ihr Ende erreicht“[180] hat.

Um diese These zu verifizieren, nimmt Gertrude Himmelfarb vor allem die viktorianische Epoche in ihren Blick. Während in der Gegenwart das Konkurrenzprinzip die letzten Reste eines genuin konservativen Gesellschaftsverständnisses tilge, sei in diesem Abschnitt der englischen Geschichte der ökonomische Individualismus durch das überlieferte Moralsystem gezügelt worden. Das Konstruktionsmuster, das dem Wertesystem dieser Gesellschaft zugrunde lag, gibt sich Frau Himmelfarb zufolge als ein mixtum compositum aus marktwirtschaftlichen Prinzipien und konservativ-christlichen Moralvorstellungen zu erkennen. „If Victorian England did not succumb to the moral and cultural anarchy that is said to be the inevitable consequence of economic individualism, it is because of powerful ethos that kept individualism in check, as it also kept in check the anarchic impulses in human nature“[181]. Dadurch sei diese Epoche der Gegensatz zwischen dem Gemeinwohl und dem Egoismus der Wirtschaftsbürger erspart geblieben. „Self-interest stood not in opposition to the general interest“[182].

In der Vehemenz, in der viele Repräsentanten des Konservatismus ihre Ordnungsvorstellung gegen die Marktverherrlichung ausspielen, zeigt sich auch, wie wenig sich beide Denkweisen miteinander versöhnen lassen. Walter Hoeres hat sich dezidiert dagegen gewehrt, diese dichotomische Grenzziehung hintertreiben zu sollen. „Der Gedanke, daß als Triebfeder des wirtschaftlichen Geschehens allein das gesunde Selbstinteresse, auf deutsch also der Egoismus, sanktioniert werden müsse und daß der Kampf aller gegen alle schließlich zum

---

[175] *Eugen Rosenstock-Huessy*: Der unbezahlbare Mensch, Freiburg im Breisgau 1964, S. 35; vgl. dazu auch *J. C. D. Clark*: English Society 1688–1832, Cambridge 1986, S. 77.

[176] Ebenda.

[177] Ebenda.

[178] Ebenda.

[179] Ebenda.

[180] Ebenda.

[181] *Gertrude Himmelfarb*: The De-Moralization of Society, New York 1994. S. 256.

[182] Ebenda.

größten wirtschaftlichen Effekt für alle führen werde, ist konservativem Denken so fremd wie nur etwas“[183].

Friedrich List hat sicherlich auch den Konservativen aus dem Herzen gesprochen, als er polemisch bemerkte, daß nach der liberalen Schule der Volkswirtschaft derjenige, der „Schweine erzieht ... ein produktives, wer Menschen erzieht, ein unproduktives Mitglied der Gesellschaft“[184] ist. Konservativ Gesinnte wenden sich seit jeher auch dagegen, den Staat im Lichte der Wirtschaft zu interpretieren. Gegen die Absicht, ihn auf den ökonomistischen Begriff zu bringen, hat sich schon Edmund Burke ausgesprochen. Bewußt enttäuscht er alle derartigen Versuche, wenn er darauf hinweist, daß dieser mehr ist als „a partnership agreement in a trade of pepper and coffee, calico or tobaco, or some other low concern“[185].

3. Die Werteausrichtung in der szientifischen Sozietät und ihre wertrelativistische Wissenschaft

Am Anfang der auf Effizienz und Anpassung ausgerichteten Gesellschaftsordnung von heute steht die Zukunftshoffnung, daß man durch die Anwendung der Gesetze der Naturwissenschaft auch die kulturellen und sozialen Probleme einer Lösung zuführen könne. Dieser Gedanke findet sich schon bei Descartes. Die stetige Steigerung der „connaissances qui soient fort utiles à la vie“[186], setze die Menschen in immer stärkerem Maße imstande, sich als „maîtres et possesseurs de la nature“[187] zu gerieren. Diese Wissenschaftsgläubigkeit, die nach dem Urteil von Theodor Steinbüchel ein „Produkt des spätmittelalterlichen Nominalismus“[188] ist, zielte nach Eric Voegelin darauf ab, „mit ihrem Weltbild die seelisch-religiöse Ordnung“[189] zu ersetzen, die „Bedeutung spiritueller Erfahrung“[190] zu minimieren. Im Zentrum dessen, was ihre Anwälte antrieb, stand die

---

183 *Walter Hoeres*: Konservative Politik – heute noch?, in: Criticón Nr. 18, Juli/August 1973, S. 183 f.

184 *Friedrich List*: Das nationale System der Politischen Ökonomie. Stuttgart/Berlin [8]1925, S. 128.

185 *Edmund Burke*: Reflections on the Revolution in France, Einführung v. A. J. Grieve, London/New York 1967, S. 93.

186 *René Descartes*: Discours de la méthode, Paris 1943, S. 165.

187 Ebenda S. 166.

188 *Theodor Steinbüchel*: Zerfall des christlichen Ethos im XIX. Jahrhundert, Frankfurt am Main 1951, S. 42.

189 *Eric Voegelin*: Wissenschaft als Aberglaube, in: Wort und Wahrheit 6 (1951), S. 341.

190 Ebenda. Blaise Pascal warnt davor, den Verstand zum Lotsen in einer kaum überschaubaren Welt zu machen. Statt „anmaßend zu forschen“, gelte es, „die Neugierde in

Hoffnung, daß „das menschliche Dasein in einem absoluten Sinne durch die Wahrheit der Wissenschaft gesteuert werden könne“[191]. Konstituens dieser Auffassung ist es auch, die gesellschaftliche Ordnung dem szientifischen Geist zu öffnen, das soziale Beziehungsgespinst more geometrico auszurichten. Heute scheint durch dieses Ideal eine Realität durch, in der nach Karl Mannheim die substantielle Rationalität durch die funktionale ersetzt wurde[192].

Max Horkheimer zufolge zersetzt diese technisierte Welt den Wunsch des Menschen, seine Entscheidungen frei treffen zu können. Sie bedinge „ein Maß an Organisation und Manipulation des Lebens, das der Spontaneität der Freiheit des Einzelnen gerade noch den Spielraum für die vorgezeichnete Laufbahn läßt“[193].

Auch Wolfram von den Steinen will auf dieser Linie der Überlegung in der „Automatie nichts anders erkennen als eine ganz bestimmte, allerdings außerstaatliche Totalisierung unseres Daseins“[194]. Es gibt in diesem Universum keinen Fixstern mehr, an dem sich ein freiheitsbewußtes Leben orientieren könnte. Dabei ist die zunehmende Bereitschaft, sich in diese technisch bestimmte Welt einzufügen, gegen die menschliche Natur gerichtet. „Wir werden in einen Takt und ein Tempo hineingeworfen, die mit unserer Natur in keiner Beziehung stehen; ein autonomer, längst unmenschlicher Apparat reguliert unser gesamtes Leben“[195]. Dabei stellt sich für von den Steinen die Frage, „was man mit solchen technischen Genüssen verliert, und welchen Wert dies unmerklich Verlorene haben mag“[196]. In diesem Zusammenhang macht er darauf aufmerksam, daß sich hinter dem Denken derjenigen, die dieses System konzipieren und unterhalten, ein mit der europäischen Tradition inkommensurables Menschenbild verbirgt. Der „moderne Wissenschaftstyp“[197] zeichnet sich vor allem durch seine ethische Indifferenz aus. Seine Besinnung darauf, wie der technische Apparat am Leben erhalten werden kann, läßt keine moralischen Überlegungen zu.

Bewunderung“ zu wenden. (Über die Religion [Pensées]. Aus dem Französischen, hrsg. v. *Ewald Wasmuth*, Tübingen 1948, S. 43).

191 Ebenda S. 357.

192 *Karl Mannheim*: Mensch und Gesellschaft im Zeitalter des Umbaus. Aus dem Englischen, Darmstadt 1958, S. 68 f.

193 *Max Horkheimer*: Zum Begriff des Menchen heute, in: Der wiederentdeckte Mensch. Eine Vortragsreihe der Arbeitsgemeinschaft sozialdemokratischer Akademiker, München 1958, S. 87.

194 *Wolfram von den Steinen*: Geschichte als Lebenselement, S. 139.

195 Ebenda.

196 Ebenda.

197 Ebenda S. 141.

„Kein Gewissen, kein Wille und keine Weisheit kommen gegen“[198] seinen Machbarkeitswahn auf.

Die Frage, die die Menschen in einem derartigen Beziehungsgeflecht stellen, konzentrieren sich nach Michael Landmann nun nicht mehr auf ihre ureigensten Gewissensentscheidungen, sondern auf das Problem, wie man in ihm überleben kann. Auf diese Weise mutiert die Tugend der Anpassung zum obersten sittlichen Gebot. „Um den ‚Apparat‘ ... zu bedienen, müssen wir uns genau so verhalten, wie jeder andere in gleicher Lage sich verhalten würde. Wir müssen als Fälle eines Allgemeinen subsumierbar, müssen konform sein. An unser Unterscheidendes dagegen, unser Kontingentes, wird hier nicht appelliert, ja es könnte den reibungslosen Ablauf des Getriebes stören“[199]. Der Entscheidungsmut des Einzelnen verdampft. Er hat „nicht mehr das gute Gewissen zu sich und degeneriert“[200]. In einer „Welt der Roboter wird der Mensch selbst zum Roboter“[201]. Dabei wollen die technisch bestimmten Institutionen „am Ende nur noch sich selbst und fragen nicht mehr danach, ob und wieweit sie für die Menschen ‚gut‘ sind“[202].

Für Theodore Roszak besteht vor allem im Computer-Zeitalter die Gefahr, daß das Denken und Handeln des Menschen aus der ethischen Verpflichtung gelöst wird. Es verrate nur ein höchst borniertes Kulturverständnis, wenn man die Präsenz der Rechner in allen Lebenssektoren ohne Vorbehalte begrüßt und sich auf diese Weise von „der vermeintlichen Notwendigkeit und Überlegenheit der Maschine abhängig“[203] macht. Nicht die Rechenkünste des Computers sollten unsere Lebenswelt bestimmen, sondern „die moralischen und metaphysischen Paradigmen, die den innersten Kern jeder Kultur ausmachen“[204]. In die ansonsten für ihn ungewohnte Rolle eines „konservativen ... Humanisten“[205] schlüpfend, verweist Roszak auf die Gefahr, daß sich nach und nach ein Menschentyp herausbildet, der nur noch in prozeduralen Beziehungen zu denken und zu handeln in der Lage ist. Wenn der Topos der Rechenhaftigkeit zum alleinigen Kri-

---

198 Ebenda. Vgl. dazu auch *Joseph Bernhart*: Der technisierte Mensch, Augsburg 1946, S. 47.

199 *Michael Landmann*: Aufstieg und Niedergang des Individuums, in: Auf dem Weg zur hörigen Gesellschaft, hrsg. v. *Oskar Schatz*, Graz/Wien/Köln 1973, S. 79.

200 Ebenda.

201 Ebenda.

202 Ebenda. In einer Welt, in der alle Verhaltensschema funktionalisiert sind, verliert für Robert Spaemann auch „die philosophische Ethik ihren spezifischen Erkenntnisgegenstand“ (Zur Kritik der politischen Utopie, Stuttgart 1977, S. 19).

203 *Theodore Roszak*: Der Verlust des Denkens. Über die Mythen des Computer-Zeitalters. Aus dem Amerikanischen, München 1986, S. 319.

204 Ebenda S. 314.

205 Ebenda S. 321.

stallisationspunkt unserer kulturellen Identitätssuche, avanciert, wird als Ersatz für das gute Leben eine der Würde des Menschen widersprechende Chimäre gesetzt. Zu einem vernünftigen Disput über den Unterschied zwischen guten und bösen Handlungen ist der moderne Maschinenhomunkulus nicht mehr zu haben.

Wenn in diesem technisch bestimmten System überhaupt eine Wertediskussion stattfindet, werden die ins Gespräch einbezogenen moralischen Topoi als das Resultat eines Mehrheitskonsenses angesehen. Wahr und gültig ist nur das, was sich als das Resultat der allgemeinen Deliberation ausweist. Stephan Wehowsky zufolge „hat sich ein common sense darüber ausgebildet, daß Werte das sind, worauf man sich jeweils verständigt"[206]. Im Horizonte dieser Auffassung schrumpft der ethische Erkenntnisprozeß darauf, sich überhaupt über Werte zu unterhalten. Es gilt schon als tugendhaft, „über etwas gesprochen zu haben"[207]. Dabei sei kein Wert davor gefeit, nicht auf dem Altar des Ausspracheideals geopfert zu werden. Jegliche Absicht, „etwas aus der allgemeinen Kommunikation herauszuhalten"[208] wird „als schlecht"[209] beurteilt. Was Wunder, wenn in dieser Perspektive „die Kommunikation selbst zum höchsten Wert"[210] avanciert.

Die Frage nach dem ethischen Gehalt des in Rede stehenden sozialen Funktionszusammenhanges muß auch den Tatbestand in den Blick nehmen, daß eine derart auf ihre eigene Effizienz ausgerichtete Ordnung gar nicht mehr die Kraft besitzt, ihre Normabweichler zu sanktionieren. In ihr wird auch derjenige, der sich deviant verhält, in das allgemeine System eingegliedert. Wenn alles auf ein reibungsloses Funktionieren ausgerichtet ist, kann man sich die Ausgrenzung des sich marginalistisch gerierenden Bürgers gar nicht mehr leisten. Für Stephan Wehowsky ist „die Gesellschaft ... zu dicht und zu vernetzt geworden, als daß sie diejenigen, die gegen ihre Standards verstoßen, als Barbaren ausgrenzen könnte"[211]. Auf diese Weise wird die „Stigmatisierung früherer Zeiten"[212] unterlaufen.

Was die wissenschaftliche Aufarbeitung dieses technisch bestimmten Funktionalismus anlangt, so kann man nach Robert Spaemann seinen „perfekten Regelkreis zwischenmenschlichen Verhaltens"[213] nur noch mit einem nach „dem

---

[206] *Stephan Wehowsky*: Die Werte und die Wirklichkeit, in: Neue Zürcher Zeitung. Internationale Ausgabe Nr. 100, 13./14. Januar 1996.

[207] Ebenda.

[208] Ebenda.

[209] Ebenda.

[210] Ebenda.

[211] *Stephan Wehowsky*: Die Kultur der Barbarei.

[212] Ebenda.

[213] *Robert Spaemann*: Zur Kritik der politischen Utopie, Stuttgart 1977, S. 20.

kybernetischen Modell arbeitenden Soziologie und Psychologie“[214] beschreiben. Das und nichts anderes versucht die Systemtheorie. Dabei ist es nicht zuletzt Niklas Luhmann um den Nachweis zu tun, daß in unserer technisch bestimmten Welt „keines der Funktionssysteme durch Moral in das Gesellschaftssystem eingebunden werden kann“[215]. Ihre Kodierung folgt nicht mehr den überkommenen Prinzipien von Gut und Böse, sondern der „Unterscheidung von wahr und falsch“[216]. Dabei verstricke man sich in Erkenntnisschwierigkeiten, wenn man die Funktionstopoi nicht „auf einer Ebene hoherer Amoralität“[217] ansiedele. In diesem Zusammenhang müsse auch bedacht werden, daß sich die „Abkopplung von Moral“[218] in dem Maße durchgesetzt habe, in dem die Funktionssysteme einem Ausgliederungsprozeß unterliegen. „Man kann dies an der Literatur über Staatsraison und über wirtschaftliches Gewinnstreben als Bedingung des Wachstums nachlesen, oder auch in der Semantik der passionierten Liebe und an den Vorstellungen über die Freiheitsfunktion des Rechts“[219].

Bei der Beurteilung der Systemtheorie Luhmanns kommt Eckhard Meinberg zu dem Ergebnis, daß diese an ihrer ethischen Defizienz leidet. Nicht nur der von ihm in den Blick genommene „Systemmensch ... klammert den moralischen Sektor aus“[220], auch die systemtheoretische Schule selber muß sich den Vorwurf gefallen lassen, „den Ausschluß der praktisch-moralischen Rationalität“[221] zu betreiben. Sie sei dezidiert darauf aus, „den ganzen Bereich des Normativen“[222] zu verdrängen. Ihre „Eindimensionalität“[223] lasse auch keinen anderen Erkenntnisweg zu. Auf diese Weise wird die Warnung Franz-Xaver Kaufmanns in den Wind geschlagen, daß die „anonyme Dynamik funktionaler Zusammenhänge ... ohne das Gegengewicht moralischer Ansprüche“[224] einen Anschlag auf die Würde des Menschen darstellt. Eine auf rein funktionalistische Abläufe reduzierte Soziologie komme kaum darum herum, sich nach ihrer ethischen Legitimität befragen zu lassen.

---

214 Ebenda.

215 *Niklas Luhmann*: Paradigm lost. Die ethische Reflexion der Moral, Stuttgart 1988, S. 6.

216 Ebenda.

217 Ebenda.

218 Ebenda.

219 Ebenda.

220 *Eckhard Meinberg*: Das Menschenbild der modernen Erziehungswissenschaft, Darmstadt 1988, S. 240.

221 Ebenda.

222 Ebenda.

223 Ebenda.

224 *Franz-Xaver Kaufmann*: Was hält die Gesellschaft heute zusammen?, in: Frankfurter Allgemeine Zeitung Nr. 255, 4. November 1997.

Die Werteindifferenz der Systemtheorie des Soziologen Niklas Luhmann scheint auch bei einigen seiner Kollegen auf fruchtbaren Boden gefallen zu sein. Da Theodor Geiger zufolge die traditionellen Muster einer ethischen Sinnstiftung kassiert sind, bleibe dem Gesellschaftswissenschaftler nur noch übrig, sich zu einer wertrelativistischen Haltung zu bekennen. Aus diesem Grunde ist „der kritisch Aufgeklärte ... notwendigerweise theoretischer Wertnihilist“[225]. Aus diesem Blickwinkel heraus ergibt sich für Geiger die Einsicht, daß den moralischen Normsetzungen des Menschen etwas Beliebiges und Willkürliches eignet. Das Schlüsselwort für die richtige Haltung gegenüber ihnen ist also äußerste Skepsis. Jeder vernünftige Mensch habe heute „durchschaut, daß Wertideen nichts anderes sind als die unzulässigerweise objektivierten Gefühlseinstellungen des Wertenden“[226]. Aus diesem Grunde weiß er, in wie starkem Maße „Werte nicht der räumlich-zeitlichen Wirklichkeit angehören, ... Werturteile ... nichts anderes sein können als eben falsche Objektivierungen von subjektiven Primärwertungen“[227]. Denkt man die Linien dieser Einstellung weiter aus, so ergibt sich auch eine völlig indifferente Haltung gegenüber denjenigen, die von den gesellschaftlich gültigen Normen abweichen. Von der Warte des Geigerschen Denkens aus darf man bei der Beurteilung devianten „Verhaltens ... nicht von ‚Verderbtheit‘, ‚Schlechtigkeit‘ oder ‚Schurken‘ sprechen, sondern von sozial unzulänglich angepaßten Personen, mit denen es schwierig, vielleicht unmöglich ist zusammenzuleben“[228]. Dabei sei diese Haltung „frei von Selbstgerechtigkeit, Rachsucht und Vergeltungsdrang“[229].

Auch die ethischen Überlegungen des Staatsrechtlers Hans Kelsen schießen zu einem Beziehungsgespinst zusammen, das ausgesprochen wertrelativistisch ausgerichtet ist. In ihnen spiegelt sich die Ambivalanz einer Haltung, die von der Notion eines objektiv gültigen Wertekatalogs endgültig Abschied genommen hat. „Wer absolute Wahrheit und absolute Werte menschlicher Erkenntnis für verschlossen hält, muß nicht nur die eigene, muß auch die fremde, gegenteilige Meinung zumindest für möglich halten“[230]. Kelsens Werteindifferenz schließt auch die Forderung ein, daß bei gegensätzlichen Auffassungen der Versuch einer Versöhnung zwischen den gegensätzlichen Standpunk-

[225] *Theodor Geiger*: Demokratie ohne Dogma. Die Gesellschaft zwischen Pathos und Nüchternheit, München 1963, S. 285. Hermann Wein zufolge hat der Nihilismus den Nachweis geführt, „daß Nichts ‚dahinter‘ ist“ (Zur Rechtfertigung des Nihilismus, in: Der Nihilismus als Phänomen der Geistesgeschichte in der wissenschaftlichen Diskussion unseres Jahrhunderts, hrsg. v. *Dieter Arendt*. Darmstadt 1974, S. 209).

[226] Ebenda.

[227] Ebenda.

[228] Ebenda S. 291.

[229] Ebenda.

[230] *Hans Kelsen*: Vom Wesen und Wert der Demokratie, Aalen ²1963, S. 101.

ten unternommen werden muß. Dem Ergebnis dieser Bemühung eignet allerdings nicht die Würde einer über dem Individuum stehenden ethischen Norm. Keine von den voneinander abweichenden Auffassungen und auch nicht das Ergebnis eines Ausgleichs könne man sich „ganz vorbehaltlos ... zu eigen machen“[231].

Ebenso wenig kann nach Bertrand Russell die Analyse sozialer und politischer Sachverhalte auf das Fundament einer objektiv gültigen Ethik gestellt werden. Seine Feindschaft gegenüber dieser Notion hat sich so übermächtig in sein Bewußtsein geschoben, daß seiner Auffassung nach alleine der wissenschaftliche Skeptizismus am Platze ist. „The essence of the Liberal outlook lies not in what opinions are held, but in how they are held: instead of being held dogmatically, they are held tentatively, and with a consciousness that new evidence may at any moment lead to their abandonment“[232]. Sowohl das Wertegerüst des Sozialwissenschaftlers als auch dasjenige, das in der jeweiligen Sozietät vorherrscht, können also jederzeit verändert werden.

In gleicher Weise haben auch einige philosophische Kollegen Russells dem Gedanken der Wertrelativität Sukkurs erwiesen. So steht es für Alfred Jules Ayer fest, daß dem modernen Gesicht dieser akademischen Disziplin notwendigerweise wertindifferente Züge eingeprägt sind. In ihrem Denkuniversum sei es kaum mehr möglich, „ein Kriterium zur Bestimmung der Gültigkeit ethischer Urteile zu finden“[233]. Im Horizonte des modernen Denkens sind moralische Urteile bloße Ausdrucksweisen von Empfindungen. Von dieser durch und durch relativistischen Warte aus betrachtet, können sie keinen höheren Stellenwert als ein „Schmerzensschrei“[234] für sich in Anspruch nehmen.

Bei Jean Paul Sartre dienen die atheistischen Koordinaten seiner Philosophie dazu, sich zum Wertrelativismus zu bekennen. Der dezidiert innerweltliche Standpunkt ist für ihn zu einem Vehikel geworden, auf dem der Protest gegen jeglichen Versuch transportiert wird, eine objektiv gültige Moral postulieren zu wollen. „Wenn ... Gott nicht existert, so finden wir uns keinen Werten, keinen

---

[231] *Hans Kelsen*: Das Problem des Parlamentarismus, Darmstadt ²1968, S. 40 f.

[232] *Bertrand Russell*: Philosophy and Politics (1947), in: Last Philosophical Testament 1943–1968, London/New York 1997, S. 400. Gar nicht relativistisch urteilt Bertrand Russell, wenn es um die Bewertung überkommener ethischer Normen geht. Er plädiert dafür, „abergläubische Überreste, die das Bewußtsein längst verabschiedet hat, ... auch aus ihren geheimen Seelenschlupfwinkeln auszurotten“ (Eroberung des Glücks. Aus dem Englischen. Frankfurt am Main [1980³]. S. 29). Die „Tyrannei der alten Ideale“ (ebd.) und das „Fehlen einer vernünftigen Ethik“ (ebd.) trieben viele Menschen in den Zynismus.

[233] *Alfred Jules Ayer*: Sprache, Wahrheit und Logik. Aus dem Englischen, hrsg. v. *Herbert Herring*, Stuttgart 1972, S. 143.

[234] Ebenda.

Geboten gegenüber, die unser Betragen rechtfertigen“[235]. In diesem Falle kann es kein „a priori Gutes mehr geben“[236]. Die logische Stringenz des atheistischen Standpunktes negiert notwendigerweise, „daß das Gute existiert, daß man ehrenhaft sein soll, daß man nicht lügen soll“[237].

In diesem Zusammenhang ist es auch gang und gäbe, Max Weber den Vorwurf des Wertrelativismus zu machen. Dabei zementieren sowohl seine Epigonen als auch seine Gegner zum Glaubenssatz, was der Meister durch ausgeprägte Ambivalenzen in der Schwebe hielt. Sie übersehen, daß in seiner skeptischen Grundhaltung durchaus ein wertender Reflex im Spiele war. Einerseits hat er die Forderung nach der Wertfreiheit der Wissenschaft[238] in einem ausgesprochen pointierten Sinne durchbuchstabiert. Indem er Hans Maier zufolge einem „Wertrelativismus irreduzibler Weltanschauungspositionen“[239] das Wort redete, legte er die Wurzeln seiner ethischen Skepsis bloß. Andererseits erscheint er in einem ganz anderen Licht, wenn man sein gesamtes Oeuvre in den Blick nimmt. Dann erblickt einen das uralte Antlitz einer normbestimmten Wissenschaft an. Wie sehr er in den Kategorien ordnungszentrierter Topoi dachte, wird augenfällig, wenn man seinen Begriff der Verantwortungsethik[240] in den Blick nimmt. Indem er sich für sie ausspricht, hat er sich nach Hans Maier unter das Dach der abendländischen Ethik begeben. Er gab sich damit als ein Gelehrter zu erkennen, der auf das „klassische Prinzip der praktischen Philosophie“[241] rekurrierte. Dabei sei von ihm auch deren Grundsatz beherzigt worden, daß „die Wahl des Guten“[242] entscheidend ist.

In wie starkem Maße man auf einen wichtigen heuristischen Zugang zur Sozial- und Politikwissenschaft verzichtete, wenn man jegliche Wertung aufgibt, darauf hat nicht zuletzt Alfred Cobban aufmerksam gemacht. Seine Argumentation gewinnt ihre Beweiskraft aus der Überlegung heraus, daß die großen abendländischen Staatsphilosophen immer schon moralische Urteile gefällt ha-

---

[235] *Jean Paul Sartre*: Ist der Existentialismus ein Humanismus? Aus dem Französischen, Zürich 1947, S. 25.

[236] Ebenda S. 24.

[237] Ebenda. Vgl. dazu *Kurt Hübner*: Fichte, Sartre und der Nihilismus, in: Der Nihilismus als Phänomen der Geistesgeschichte in der wissenchaflichen Diskussion unseres Jahrhunderts, hrsg. v. *Dieter Arendt*, Darmstadt 1974, S. 126 ff.

[238] *Max Weber*: Der Sinn der ‚Wertfreiheit‘ der Sozialwissenschaften, in: Max Weber. Soziologie. Weltgeschichtliche Analysen. Politik, hrsg. v. *Johannes Winckelmann*, Stuttgart 1956, S. 236 ff.

[239] *Hans Maier*: Verteidigung der Politik, Zürich 1990, S. 70.

[240] *Max Weber*: Der Beruf zur Politik, in: Max Weber. Soziologie. Weltgeschichtliche Analysen. Politik S. 172 ff.

[241] *Hans Maier*: Verteidigung der Politik, S. 71.

[242] Ebenda.

ben. Dagegen bekenne man sich heute zur Wertfreiheit der Wissenschaft. „A sense of direction is lacking, a feeling of purpose. That, I think is what the decay of political theory means in ordinary terms to the ordinary man“[243]. Dieser äußerst beklagenswerte Zustand erfordere eine radikale Neubesinnung. „If political theory revives, if the idea of purpose is reintroduced in political thinking, we may take up again the tradition of Western political thought“[244]. Die ostentative Distanz gegenüber allen Wertvorstellungen bringe die Politikwissenschaft nämlich in die Gefahr, sich nicht gegenüber denjenigen Gedanken wehren zu können, die Hitler in seinem Werk „Mein Kampf“ zum Ausdruck brachte[245].

4. Die Werteverfallsthese im Horizonte ihrer Kritiker

Denjenigen, die den aktuellen Werteverfall beklagen, stehen diejenigen gegenüber, die keineswegs bereit sind, in diese Jerimiaden einzustimmen. Man gerate in die Fangnetze einer höchst dubiosen Kulturkritik, wenn man die Werteverfassung unserer Zeit zu sehr in den kritischen Blick nimmt.

Dabei halten nicht wenige dafür, daß die Kategorie des Werteverfalls allein schon deshalb keine wissenschaftliche Fruchtbarkeit entfalten kann, weil keinerlei Grund für eine derartige Klage besteht. Zum Anwalt einer auf einen derart optimistischen Ton gestimmten Sichtweise hat sich vor allem Karl Popper gemacht. Auch wenn er dem Fortschrittsbegriff nicht völlig gläubig gegenüberstehe, so könne doch nicht geleugnet werden, „daß wir im Westen gegenwärtig in der besten sozialen Welt leben, die es gegeben hat“[246]. Denjenigen, die mit seiner äußerst optimistischen Auffassung nicht einverstanden sind, lastet er an, sich einer höchst selektiven Wahrnehmung der Wirklichkeit zu befleißigen. Aus diesem Grunde müsse mit allem Nachdruck die Behauptung zurückgewiesen werden, derzufolge „wir in einer moralischen Hölle leben und an psychischer und moralischer Verschmutzung zugrunde gehen“[247]. Popper bezeichnet sie ohne Umschweife als „eklatante Lüge“[248]. Derlei kulturkritische Wortmeldungen führten dazu, daß „viele junge Menschen unglücklich“[249] werden.

---

243 *Alfred Cobban*: The Decline of Political Theory, in: Political Science Quarterly LXVIII (1953), S. 336.

244 Ebenda S. 337.

245 Ebenda. Gegen den wissenschaftlichen Wertrelativismus wendet sich auch Clyde Kluckhohn. Vgl. dazu seinen Aufsatz Ethical Relativity. Sic et non, in: The Journal of Philosophy 52 (1955), S. 663 ff.

246 *Karl Raimund Popper*: Ich bin ein Optimist, der nichts über die Zukunft weiß, in: Süddeutsche Zeitung Nr. 136. 15./16. Juni 1991.

247 Ebenda.

248 Ebenda.

249 Ebenda. Leszek Kolakowski weist darauf hin, daß Popper im Horizonte der „Pelagian soteriology“ denkt. (The Priest and the Jester. Reflections on the Theological Heri-

Klagen über einen angeblichen Werteverfall zu formulieren, dazu besteht auch für Michael Polanyi keinerlei Anlaß. Schließlich habe „niemals in der Geschichte der Menschheit das Verlangen nach Brüderlichkeit und nach Gerechtigkeit eine so große Macht auf die Gesinnungen der Menschen ausgeübt... wie heute“[250]. Aus diesem Grunde erweisen sich alle Lamentationen über unseren moralischen Niedergang als höchst fragwürdig. „Die vergangenen zwei Jahrhunderte waren nicht ein Zeitalter der moralischen Schwäche. Sie haben vielmehr den Ausbruch einer leidenschaftlichen Hinwendung zur Moral gesehen, die zahlreiche humanitäre Reformen vollbracht und die moderne Gesellschaft über die stolzesten Ziele früherer Jahrhunderte vorwärts getrieben hat“[251]. Bei all seinem Optimismus muß Polanyi jedoch zugeben, daß im modernen Totalitarismus „pathologische Formen der Moral“[252] aufzuspüren sind.

Einen eher optimistischen Unterton kann man auch aus denjenigen Bewertungen unserer Werteverfassung heraushören, die auf die Notwendigkeit des Verhaltenswandels in einer jeden in Entwicklung begriffenen Gesellschaft hinweisen. Aus diesem Grunde sollte man Anthony Giddens zufolge den Begriff des Werteverfalls meiden und stattdessen auf die natürliche und auch gebotene Veränderung der ethischen Zielrichtungen unserer Bürger verweisen. So sei es ausgesprochen begrüßenswert, daß unsere Jugend eine „demokratischere Legitimation von Autorität“[253] postuliert. Weit davon entfernt, einem ethischen Relativismus Reverenz zu erweisen, „vertritt die jüngere Generation andere Werte... als die ältere Generation“[254]. Dabei erweise sich das Argument von der gesellschaftszerstörenden Qualität der neuen Werteausrichtung als höchst fragwürdig[255]. Wenn man ihre stabilisierende Qualität dechiffriere, sei jeglicher Pessimismus fehl am Platz. „Ich bin eher skeptisch hinsichtlich der Vorstellung, die Gesellschaft falle auseinander oder daß es eine Krise gäbe, die die menschlichen Beziehungen zerstöre und damit den sozialen Zusammenhalt unterminiere“[256].

---

tage in Contemporary Thought, in: The Modern Polish Mind. An Anthology, hrsg. v. *Maria Kuncewicz*, London 1963, S. 308).

[250] *Michael Polanyi*: Jenseits des Nihilismus. Aus dem Englischen, Dordrecht/Holland/Stuttgart 1961, S. 70.

[251] Ebenda.

[252] Ebenda S. 8.

[253] *Anthony Giddens*: Warum ist das Rentenalter eine Fiktion, Professor Giddens? Ein Interview von Patrick Barton, in: Frankfurter Allgemeine Magazin Heft 961, 31. Woche. 31. Juli 1998.

[254] Ebenda.

[255] Ebenda.

[256] Ebenda.

Diejenigen, die sich dem Schreckensszenarium einer völligen Sezession der heutigen Zeit aus dem abendländischen Werteordo verschrieben haben, sollten nach Manès Sperber das tatsächliche Verhalten der Menschen früherer Zeiten in den Blick nehmen. So hätten sich im Mittelalter allzu viele dem christlichen Ethos verweigert, wenn es zur Exekution von Verbrechern kam. „Im christlichen Europa ... leerten sich die Häuser, die Märkte, die Kirchen und die Kaschemmen jedesmal, wenn mitten in einer Stadt ein Mensch öffentlich gedemütigt, verkrüppelt, gevierteilt, zerrissen, verbrannt, in grausamer Weise zu Tode gebracht wurde“[257]. Dabei müsse auch die soziale Lage der Beherrschten in den Blick genommen werden. Sie mit genuin christlichen Wertevorstellungen in Verbindung zu bringen, sei kaum möglich. Vor der Neuzeit sei „die soziale, die seelische und körperliche Erniedrigung ... das unentrinnbare Schicksal all jener“[258] gewesen, die „nicht zu den herrschenden Schichten gehörten“[259]. Darüber hinaus habe das Gewaltprinzip „alle Beziehungen zwischen Eltern und Kindern“[260] und „zwischen den Geschlechtern“[261] durchgehend bestimmt.

Auch nach Otfried Höffe sollte die ostentative Verachtung und Verdammung unserer derzeitigen Werteverfassung nicht darüber hinwegtäuschen, daß es in früheren Epochen ebenfalls Mißstände gegeben hat. „Um zu sehen, daß das Defizit an Moral nicht aufs Konto der Moderne geht, daß im Gegenteil am Zerfall an Sitte, Recht und Ordnung schon vormoderne Zeiten leiden, braucht man nur die biblischen Propheten zu lesen“[262]. Um einen Begriff vom Sittenverfall in der absolutistischen Periode zu erhalten, genüge es, die Predigten von Abraham a Sancta Clara zur Kenntnis zu nehmen[263]. Wer also der Versuchung erliege, die guten alten Zeiten zu beschwören, übersehe, „daß die Menschheit wegen eines ‚natürlichen Egoismus‘ von einem moralischen Zerfall schon immer bedroht ist“[264]. Gegenüber dem Höffes Auffassung nach durchaus existierenden Werteverfall sollte man die Hoffnungsflinte allerdings nicht ins Korn werfen. Die Rechtfertigung seiner Haltung liegt in dem Umstand, daß die moralischen Ge-

[257] *Manès Sperber*: Das Klischee von der unheilen Welt, in: Süddeutsche Zeitung Nr. 172, 28./29. Juli 1975.

[258] Ebenda.

[259] Ebenda.

[260] Ebenda.

[261] Ebenda.

[262] *Otfried Höffe*: Individuum und Gemeinsinn. Thesen zu einer Sozialethik des 21. Jahrhunderts, in: Neue Zürcher Zeitung, Internationale Ausgabe Nr. 116, 20./21. Mai 1995.

[263] *Otfried Höffe*: Moral und Erziehung. Zur philosophischen Begründung der Moderne, in: Ethik ohne Religion?, hrsg. v. *Christof Gestrich*. Beihefte zur Berliner Theologischen Zeitschrift 13(1996), S. 17.

[264] *Otfried Höffe*: Individuum und Gemeinsinn.

genkräfte ebenfalls am Werke seien. Während diese früher einer metaphysischen Ausrichtung ihrer ethischen Ideale das Wort redeten, setzten die Menschen heute „dem stets drohenden Egoismus ... eine säkulare Moral entgegen"[265].

Die Denkschule, die dem Begriff des Werteverfalls skeptisch gegenübersteht, behauptet auch, daß dieser auf einen zu konservativ-illegitimen Ton gestimmt ist. Es gehe nicht mehr an, sein ideologisches Garn aus tausend antiquierten Fäden zu spinnen. Für Gerd Gerken besteht das große Mißverständnis des derzeit blühenden Neokonservatismus in der Verdrängung des Faktums, „daß wir auf dem Sprung zu einer neuen Form sind"[266]. Dabei müsse sich diese Denkfamilie die Frage gefallen lassen, ob ihre Ordnungsprinzipien die Überlebensfähigkeit unserer Gesellschaft besser garantieren als der heutige Wertepluralismus. Die Zweifel an ihrer Haltung werden dann unabweisbar, wenn man davon ausgehe, daß sie die Zukunftsaussichten unserer Sozietät eher gefährde als garantiere. „Der derzeit herrschende Neokonservatismus ... ist ein bewußter Verzicht auf Anpassung an Überlebensgesundheit"[267]. Er bewege sich in den Dimensionen eines Gesellschaftsideals, das sich jeglichem Einklang mit den neuen Institutionen und Denkweisen verweigere. Dabei sei ein „soziales System dann gefährdet, ... wenn es sich nicht anpassen kann, weil der konservative oder neokonservative Habitus zu stark geworden ist"[268]. Für Gerken führt kein Weg um die Einsicht herum, daß sich die kulturkritischen Topoi der Konservativen sich gegenseitig weniger erhellen als dementieren.

Auch für Peter Glotz erweist sich jeglicher Versuch, sich den Wertvorstellungen des Konservatismus anheimzugeben, als illusorisch. Gegen seine Anwälte, die „moralischen Allmachtsphantasien anhängen"[269] wendet er ein, daß sich heute jeglicher Rückgriff auf ein „‚Ancien Régime' von Zucht und Ordnung"[270] grundsätzlich verbiete. Aus diesem Grunde hält er es auch als höchst unangebracht, „einen fuchtelnden, aufgeregt-ungerechten, nachholenden Kulturkampf gegen die ‚Revolution' von 1968"[271] zu führen. Nur ein hoffnungslos in veralteten Kategorien denkender Reaktionär könne verkennen, daß „das Aufbrechen dessen, ... was die Frankfurter die ‚autoritäre Persönlichkeit' genannt haben"[272]

---

265 Ebenda.

266 *Gerd Gerken*: Die Geburt der neuen Kultur, S. 11.

267 Ebenda S. 108.

268 Ebenda S. 109.

269 *Peter Glotz*: Gegen die Versetzung des Schiffsgeistlichen auf die Brücke, in: Süddeutsche Zeitung Nr. 50,1. März 1995.

270 Ebenda.

271 Ebenda.

272 Ebenda.

notwendig gewesen sei. Ihr Votum für „Selbstführung statt Fremdführung"[273] sei „eher zu spät als zu früh"[274] gekommen. Wer das Netz seiner konservativen Vorurteile über die Probleme unserer Zeit werfe, versündige sich an den Imperativen der Gegenwart. Aus diesem Grunde sei die „Beschwörung von ewigen Werten"[275] ebenso unangebracht, wie die „Versetzung des Schiffsgeistlichen auf die Brücke"[276].

Die Frage, ob die Argumente der Kritiker der Kulturkritik eine legitime Basis aufweisen, oder ob die Wirklichkeit bei ihnen durch das Filter eines zu optimistischen Bewußtseins fließt, muß mit einem Höchstmaß an Genauigkeit beantwortet werden. In diesem Zusammenhang wird man zunächst die Klagen großer Persönlichkeiten des Geisteslebens kaum mit dem Hinweis in den Wind schlagen können, bei ihnen handele es sich um Berufsnörgler, die ihre Unfähigkeit unter Beweis stellen, sich mit der Moderne anfreunden zu können. Auch wenn es stimmt, daß die Menschen früherer Zeiten nicht wie Heilige gelebt haben, auch wenn die Abweichung von den ethischen Normen so alt ist wie die Geschichte selber,[277] so wird man doch davon ausgehen können, daß unsere Wertevielfalt ein früher kaum bekanntes Ausmaß angenommen hat.

Unsere Zeit unterscheidet sich von den vorangegangenen Epochen auch durch den Umstand, daß das früher vorhandene Spannungspotential zwischen objektiv gegebener Norm und der Handlungsdevianz des Individuums weitgehend der Vergangenheit angehört. Es ist dieser Tatbestand, der unserem Werteverfall seine unverwechselbaren Konturen verleiht. Heute strahlen die über dem Einzelnen stehenden Entitäten nicht mehr jene moralische Autorität aus, die sie früher auszeichnete. Sie setzen keinen entschiedenen Kontrapunkt mehr gegenüber den Bestrebungen, die Privatmoral zur höchsten Norm zu erheben. In dem Maße, in dem vor allem die Kirche und der Staat als Appellationsinstanzen ethischer Imperative ausfallen, bestimmen allein die Normvorstellungen der Gesellschaft das moralische Verhalten der Bürger. Ihre Polyvalenz übt auch einen erheblichen Einfluß auf das Ausmaß der sozialen Devianz aus. Auf diese Weise wird der Verhaltensbeliebigkeit Tür und Tor geöffnet.

Versucht man nach Paul Noack der Realität den beschönigenden Schleier abzureißen[278], um der keineswegs optimistisch stimmenden Wahrheit ansichtig zu

---

[273] Ebenda.

[274] Ebenda.

[275] Ebenda.

[276] Ebenda.

[277] *Hans Zbinden*: Der bedrohte Mensch, Zur sozialen und seelischen Situation unserer Zeit, Bern/München 1959, S. 148.

[278] *Paul Noack*: Die gespaltene Zukunft. Wird jetzt alles anders?, in: Frankfurter Allgemeine Zeitung Nr. 300, 27. Dezember 1997.

werden, durchleuchte man unsere Werteverfassung mit vorurteilsfreiem Blick, so sei „Empörung der angemessene innere Zustand". Heute würden die Normen der Sittlichkeit in einer verzerrenden Perspektive interpretiert und ihre Befolgung sogar als Ausweis eines devianten Verhaltens gewertet. Aus diesem Grunde stelle sich dem an seinem Überleben interessierten Zeitgenossen die keineswegs unberechtigte Frage, ob man sich „um der besseren Moral willen mit Verlierern verbinden"[279] darf. Dabei sei gegenüber dem Potpourri unterschiedlichster Verhaltensweisen „eine elegische Abwehrhaltung das Äußerste an Nonkonformismus"[280] die einem noch zur Verfügung steht. Von dieser Warte aus gesehen, haben sich viele Friedrich Nietzsche anheimgegeben, demzufolge „das Umgekehrte die Wahrheit"[281] ist.

---

[279] Ebenda.

[280] Ebenda.

[281] *Friedrich Nietzsche*: Zur Genealogie der Moral, in: Werke in drei Bänden, Band II, hrsg. v. *Karl Schlechta*: München [2]1960, S. 768.

III. Geistesgeschichtliche Ursachen des Werteverfalls

Weißt du auch, daß Jahrhunderte vergehen werden
und die Menschheit durch den Mund ihrer Weisheit
und Wissenschaft verkünden wird, es gebe kein
Verbrechen und folglich auch keine Sünde, sondern
es gebe nur Hungrige.

Dostojewskij

Wenn in dieser Arbeit davon ausgegangen wird, daß wir heute eine Wertevielfalt zu konstatieren haben, die früheren Zeiten undenkbar schien, so ergibt sich notwendigerweise auch die Frage, ob und in welcher Weise die Geistesgeschichte der Neuzeit den Boden für sie bereitete. Aus diesem Grunde soll der Versuch unternommen werden, in ihrem Horizonte die Genesis des aktuellen Normenpluralismus zu beleuchten.

Will man Georges Bernanos Glauben schenken, so haben die Atrozitäten des modernen Totalitarismus ihren eigentlichen Ursprung in den Denkweisen der Neuzeit. Auch wenn man die Gebetsmühle der beklagten Moderne aus der Hand legt, habe man sich dieser Erkenntnis zu öffnen. „Nicht aus den untersten Schichten sollte der Mann mit der Maschinenpistole, das Raubtier hervorgehen, sondern aus den philosophischen Systemen“[1]. Der Wahrheitsgehalt dieser Auffassung liegt für Richard M. Weaver in der Gewißheit, daß jede Idee im Verlaufe der historischen Entwicklung ihre Realisierung sucht. In diesem Sinne gab er einem seiner Bücher den Titel „Ideas have consequences“[2]. Die Besinnung darauf, was als die Ursachen der heutigen Wertekrise herauszupräparieren ist, hat nicht wenige Gelehrte zu Parteigängern des Franzosen und des Amerikaners gemacht. Für sie ist jegliche Realitätsanalyse mit erheblichen perspektivischen Verkürzungen erkauft, wenn man den geisteswissenschaftlichen Aspekt außer Acht läßt.

1. Nominalismus, Humanismus, Aufklärung und Liberalismus

Für nicht wenige Gelehrte kristallisiert sich in der modernen Gesellschaft das Negativbild einer Sozietät heraus, die sukzessive Abschied vom mittelalterlichen Wertedenken genommen hat. Seine theonome Ausrichtung habe die ethi-

---

[1] *Georges Bernanos*: Welt ohne Freiheit. S. 24 f.

[2] *Richard M. Weaver*: Ideas have consequences, Chicago 1948.

schen Übel, die unsere Zeit heimsuchen, am Entweichen aus der Pandorabüchse gehindert. In diesem Sinne macht Theodor Steinbüchel darauf aufmerksam, daß für den mittelalterlichen Menschen „der persönliche Gott ... die Garantie für die erfüllte Persönlichkeit seines Menschengeschöpfes"[3] gewesen sei. Dabei sei in der „Begrenzung der Autonomie des Menschen"[4] das Humane geschützt gewesen. Auf diese Weise sei dem Mittelalter ein Utilitarismus erspart geblieben, „der das Gute dem gesellschaftlich Nützlichen gleichsetzt, in einer atomisierten Wirtschaftsgesellschaft den größtmöglichen Nutzen der größtmöglichen Zahl zum sittlichen Prinzip und ethischen Beurteilungsmaßstab erhebt und so die sittlichen Werte relativiert und subjektiviert"[5]. Es sei nicht zuletzt auch dem philosophischen Realismus zu verdanken, daß die illegitimen Emanzipationswünsche des Menschen inhibiert wurden. Albert der Große und Thomas von Aquin hätten die Menschen gelehrt, sich einer ehrfurchtsvoll-gläubigen Haltung vor der Welt"[6] zu befleißigen.

In dem Maße aber, in dem die Konkurrenzlehre des Nominalismus an Einfluß gewann, sei der weltlichen und kirchlichen Obrigkeit der Fehdehandschuh hingeworfen worden. Nun wollte man wissen, wieviel Institutionenfeindlichkeit das Gemeinwesen verträgt. Für Steinbüchel trug der „aufsteigende Nominalismus"[7] ohne jeden Zweifel zur „Zersetzung der geistigen Einheit des Mittelalters"[8] bei. Für diese Denkrichtung seien „Staat und Kirche nicht mehr das Ganze, das den Teil erst bedingt, sondern nichts weiter als konventionelles Zusammen von einzelnen"[9]. Die Ablösung des Realismus durch den Nominalismus bedeutet den Siegeszug des „fortschrittlichen und revolutionären Selbstverfügens und -gestaltens"[10].

Daß der Siegeszug des Nominalismus die eigentliche Ursache für unseren heutigen Wertepluralismus ist, steht auch für Richard M. Weaver außer Frage. „The defeat of logical realism in the great medieval debate was the crucial event in the history of Western culture; from this flowed those acts which issue in modern decadence"[11]. Der endgültige Triumph dieser Denkrichtung „tended to leave universal terms mere names serving our convenience"[12].

---

[3] *Theodor Steinbüchel*: Christliches Mittelalter, Leipzig 1935, S. 72.

[4] Ebenda S. 71.

[5] Ebenda S. 86 f.

[6] Ebenda S. 99.

[7] Ebenda S. 193 f.

[8] Ebenda S. 193. Vgl. dazu auch Karl Pribram: Die Entstehung der individualistischen Sozialphilosophie, Leipzig 1912, S. 15.

[9] Ebenda S. 194.

[10] Ebenda S. 195.

[11] *Richard M. Weaver*: Ideas have consequences, S. 3.

[12] Ebenda.

In gleicher Weise hat nach Ferdinand Prodl der Nominalismus die Vorstellung einer objektiv gültigen Wertewelt ins Herz getroffen. Durch ihn seien alle Möglichkeiten, sich zu den Topoi eines universell gültigen Ethikkataloges vorarbeiten zu können, im Keime erstickt worden. Von der Annahme, „die Gattungen und Arten seien keine Wirklichkeit“[13], „Wahrheit und Wirklichkeit komme überhaupt nur den Einzeldingen zu“[14], ist es Prodl zufolge nur ein kleiner Schritt zu der Schlußfolgerung, daß „den sittlichen und rechtlichen Begriffen aller normative Gehalt“[15] genommen werden muß. Der Nominalismus entlarve sich auf diese Weise als eine Denkform, die dem ethischen Relativismus Tür und Tor öffnet. Er macht die moralische Indifferenz zur Konstante der philosophischen Reflexion. „Gibt es vor und über den Einzeldingen keine Wahrheit und Wirklichkeit, dann ist auch Recht und Sittengesetz nichts Wahres und Wirkliches, sie gehen den wirklichen Einzelhandlungen nicht mehr voran, sind nicht mehr über ihnen stehendes Urbild, sondern entweder nichts oder eins mit den wirklichen Handlungen“[16]. Auf diese Weise kommt auch der Subjektivismus in sein Recht. Dabei ist „der Individualismus ... die reine Frucht des Nominalismus“[17].

Dem Emanzipationsstreben gegenüber den alten Bindungsinstitutionen ist auch der Humanismus verpflichtet. Crane Brinton übertreibt kaum, wenn er dessen Repräsentanten in den äußersten Gegensatz zum mittelalterlichen Denken stellt. „Die überschwenglichen Humanisten haben sich ... von jeglicher Autorität freigemacht“[18]. Ihre Argumentation war darauf aus, den Menschen von den alten Fesseln zu befreien. „Sie waren Humanisten in dem Sinne, daß sie glaubten, daß der Mensch das Maß aller Dinge ist, und daß jeder einzelne sein eigenes Maß in sich trägt“[19].

Die Abkehr von der theonomen Ethik ist vor allem bei Giovanni Pico della Mirandola unmittelbar gegeben. Obgleich er sich dem Christentum verpflichtet weiß, entpuppt er sich bei näherem Hinsehen doch als Gefangener seiner innerweltlichen Selbstreferenz. Daß der Mensch Gottes Gebote zu befolgen hat, ist seinem Denken weitgehend fremd. Für ihn setzte der „höchste Künstler“[20] ein Wesen in die Welt, das seinen ethischen Aktionsradius selber bestimmt. Seine

[13] *Ferdinand Prodl S. J.*: Gesellschaftslehre, Wien 1936, S. 102.

[14] Ebenda.

[15] Ebenda.

[16] Ebenda S. 103.

[17] Ebenda.

[18] *Crane Brinton*: Ideen und Menschen. Aus dem Amerikanischen, Stuttgart 1950, S. 243.

[19] Ebenda.

[20] *Giovanni Pico della Mirandola*: Die Würde des Menschen. Aus dem Italienischen, Fribourg/Frankfurt am Main/Wien ²o. J., S. 52.

Würde schließe die Fähigkeit ein, sein „eigener, vollkommen frei und ehrenhalber schaltender Bildhauer und Dichter“[21] zu sein. Er allein ist es, der „die Form bestimmt“[22], in der er zu leben wünscht. Seine Handlungen sind durch „keinerlei unüberwindliche Schranken“[23] bestimmt. Sein Schicksal definiert er nach seinem „eigenen freien Willen“[24].

Wie immer man den Unterschied zwischen Mirandola und Machiavelli zu beurteilen hat, wie immer man die Frage beantworten mag, wer sich entschiedener vom christlichen Wertekanon entfernte, für Isaiah Berlin steht es ohne Zweifel fest, daß auch beim Verfasser des „Fürsten“ „das mittelalterliche Erbe ... sehr dünn geworden“[25] ist. Sein Werk zeichne sich vor allem durch „das Fehlen christlicher Psychologie und Theologie“[26] aus. Machiavelli gestehe der Religion nur noch die Funktion zu, den gesellschaftlichen und politischen Zusammenhalt zu gewährleisten. „Religion ist für ihn nicht viel mehr als ein gesellschaftlich unerläßliches Instrument, ein sehr nützlicher Kitt, ihr Wertmaßstab ist ihre Funktion als Stifterin von Solidarität und Zusammenhalt“[27]. Für den Florentiner ist „die Vorstellung eines einzigen wahren, objektiven und allgemeinen Ideals des Menschen ... begrifflich widersinnig“[28]. Letzten Endes gebe es in seinen Schriften „kein übergreifendes Kriterium, mit dessen Hilfe wir entscheiden könnten, wie nun das richtige Leben des Menschen beschaffen sein soll“[29]. Aus diesem Grunde lastet Berlin ihm auch an, „die Grundannahme einer ganzen Zivilisation“[30] angegriffen zu haben. Ironisch fügt er hinzu, daß dies als „eine Leistung ersten Ranges“[31] zu bewerten ist.

Durch seine rigide Ausgrenzung ethischer Überlieferungszusammenhänge erweist sich Francis Bacon als ein gelehriger Schüler Machiavellis. Obgleich er dem Atheismus eindeutig widerspricht[32], schüttet er alle Fragen des Morali-

---

[21] Ebenda.

[22] Ebenda.

[23] Ebenda.

[24] Ebenda.

[25] *Isaiah Berlin*: Wider das Geläufige. Aufsätze zur Ideengeschichte. Aus dem Englischen, hrsg. v. *Henry Hardy*, Frankfurt am Main 1982, S. 105.

[26] Ebenda.

[27] Ebenda S. 106.

[28] Ebenda S. 153.

[29] *Isaiah Berlin*: Das krumme Holz der Humanität, S. 22.

[30] *Isaiah Berlin*: Wider das Geläufige, S. 154. Eine abweichende Meinung vertritt Jacques Maritain. Vgl. dazu seine Abhandlung: Durch die Katastrophe. Aus dem Französischen, New York N. Y. o. J., S. 60.

[31] Ebenda.

[32] Vgl. dazu *Francis Bacon*: Novum Organum, hrsg. v. *Peter Urbach/John Gibson*, Chicago/La Salle (Illinois) 1994, S. 14.

schen in den Sammelbehälter utilitaristischer Überlegungen. Für Levin Schükking atmen vor allem seine Essays[33] einen Geist, der „keinerlei idealistische Illusionen gelten läßt, also ohne jedes Vertrauen auf die Selbstdurchsetzung des Guten ist“[34]. Bacon, der „den Eigennutz als die Haupttriebfeder des Handelns selbst in der Freundschaft selbstverständlich findet“[35], wird von Schücking eindeutig in die Nähe Machiavellis[36] gerückt. Es könne kaum ein Zweifel daran bestehen, „daß der große Florentiner Realpolitiker ihm überhaupt erst die Zunge für die nüchtern und bis zu einem Grade ‚moralfreie‘ Erörterung dessen, was ist, gelöst hat“[37]. Die Denkgemeinschaft beider Autoren zeige sich nirgends deutlicher als an dem Punkt, wo beide dem ethikwidrigen Verhalten Sukkurs erweisen. Bacon geht, „was die Lehre Machiavellis von der Zweckmäßigkeit des unmoralischen Handelns in dieser schlechten Welt angeht, ein gutes Stück des Weges mit dem Italiener zusammen“[38]. Auch er gibt wie Machiavelli zu erkennen, daß das Handlungsuniversum des Menschen notwendigerweise auf Heuchelei und Verstellung angewiesen sei. Vor allem im politischen Leben müssen „für den Notfall auch unmoralische Mittel in Betracht“[39] gezogen werden. Derlei Gedankengänge stehen René Guénon zufolge nicht zufällig am Anfang der „Krisis der Neuzeit“[40].

Wie der Nominalismus und der Humanismus, so war es auch die Aufklärung, die die Loslösung vom alten Weltbild betrieb. Voltaire hat keineswegs übertrieben, wenn er von einer „révolution générale“[41] spricht, die sich „dans nos esprits, dans nos moeurs, comme dans notre gouvernement“[42] vollziehe und manifestiere. Dabei fiel der Preis auch für diejenigen, die keineswegs zur Glorifizierung der alten Zustände neigten, ziemlich hoch aus. Nach Christopher

---

33 *Francis Bacon*: Essays (1612), hrsg. v. *Levin L. Schücking*. Aus dem Englischen, Wiesbaden 1940.

34 *Levin L. Schücking*: Einleitung zu Francis Bacon: Essays, S. XXXIV.

35 Ebenda S. XXXIVf.

36 Ebenda S. XXXV.

37 Ebenda.

38 Ebenda S. XXXVI.

39 Ebenda. Die moralisch fragwürdige Haltung Bacons hat Friedrich Engels nicht daran gehindert, ihn zu loben. „In Baco, als seinem ersten Schöpfer, birgt der Materialismus noch auf eine naive Weise die Keime einer allseitigen Entwicklung in sich. Die Materie lacht in poetisch-sinnlichem Glanze den ganzen Menschen an. (Die Entwicklung des Sozialismus von der Utopie zur Wissenschaft. In: Karl Marx und Friedrich Engels: Ausgewählte Schriften in zwei Bänden, Bd. II, Berlin 1952, S. 87).

40 *René Guénon*: Die Krisis der Neuzeit. Aus dem Französischen, Köln 1950, S. 137.

41 *Voltaire*: Siècle de Louis XIV. Paris 1856, S. 3. Nach Theodor Steinbüchel ist die deutsche Aufklärung nie „der englischen Skepsis und noch weniger dem französischen Atheismus und Materialismus“ anheimgefallen. (Christliches Mittelalter S. 25).

42 Ebenda.

Dawson vernichtete die Aufklärung „die traditionelle Ordnung von Kirche und Staat im katholischen wie im protestantischen Europa und führte zu der vollständigen Säkularisierung der westlichen Kultur“[43]. Indem sie Michael Vovelle zufolge den Menschen in den Mittelpunkt ihres Denkens stellte, sei notwendigerweise „der Bruch mit dem Zeitalter des Barock“[44] gegeben gewesen, mit einer Geistesverfassung, „die im Anschluß an das Tridentinum mehr als ein Jahrhundert den Ton angab“[45].

Die Ablehnung der überkommenen Werteordnung ist für die Aufklärung der Ausgangspunkt für den Versuch, der alten theozentrischen Ethik eine Verhaltenslehre entgegenzustellen, die auf innerweltlichen Prinzipien basiert. Sie zwängt diese durch das Nadelöhr der Natur; aus ihr deszendieren die Prinzipien, die als Richtschnur für das vorbildliche Leben gelten.

Daß die Natur im Mittelpunkt des aufklärerischen Denkens steht, darauf hat Joseph Glanvill hingewiesen. „So that Nature being known, it may be master'd, managed, and used in the Services of Humane Life“[46]. Wenn diese als Basis von Verhaltensrichtlinien ausgegeben wird, dann besteht die Möglichkeit, sich entweder auf den Verstand oder die Sinne des Menschen zu beziehen. Condorcet versucht, seine Ethik vom Makel des Überholten zu befreien, indem er auf die Ratio setzt. Ihm geht es darum, „die Moral allein auf die Prinzipien der Vernunft zu gründen“[47]. In den vernunftbestimmten Denkbahnen des Franzosen bewegt sich auch Georg Forster. Bei ihm steht die Lebensführung ebenfalls im Zeichen des Verstandes. „Unzertrennlich sind Vernunft, Tugend und Freiheit, und keine ist je vollkommen ohne die anderen“[48]. Durch seine „nur durch Vernunft mögliche Tugend“[49] habe vor allem Benjamin Franklin „den Himmel auf die Erde“[50] herabgeholt.

---

[43] *Christopher Dawson*: Die Revolution der Weltgeschichte, S. 64.

[44] *Michel Vovelle*: Der Mensch der Aufklärung, in: Der Mensch der Aufklärung. Aus dem Französischen, hrsg. v. *Michel Vovelle*, Frankfurt am Main 1998, S. 8. Vgl. dazu auch *Carl J. Friedrich*: Das Zeitalter des Barock. Kultur und Staaten im Europa des 17. Jahrhunderts. Aus dem Amerikanischen, Stuttgart 1954.

[45] Ebenda.

[46] *Joseph Glanvill*: Essays on Several Important Subjects in Philosophy and Religion (1676). Essay Nr. 3, Stuttgart/Bad Cannstatt 1970, S. 36.

[47] *Condorcet*: Bericht über die Allgemeine Organisation des öffentlichen Unterrichtswesens, in: Erziehungsprogramme der Französischen Revolution, Berlin/Leipzig 1949, S. 86. Condorcet lehnt es schärfstens ab, daß eine überholte „Doktrin gelehrt wird, die den Grundsätzen entgegengesetzt ist, die den Gesetzgebern als Richtschnur diente“ (ebenda S. 113).

[48] *Georg Forster*: Physiognomie eines Revolutionsjahres. Erinnerungen aus dem Jahre 1790, hrsg. v. *Gert Ueding*, Tübingen 1995, S. 86.

[49] Ebenda.

[50] Ebenda.

Im Kontrapunkt dazu gründet John Locke sein Ethikgebäude auf die menschlichen Sinne. Nur derjenige, der den sensoriellen Apparat in den Mittelpunkt seiner Reflexion stellt, kann zu einer tragfähigen Morallehre vordringen. „Things ... are good or evil, only in reference to pleasure or pain. That we call good, which is apt to cause or increase pleasure, or diminish pain in us“[51]. Das Böse dagegen steht in einem engen Zusammenhang mit unseren Unlustempfindungen. „And on the contrary, we name that evil, which is apt to produce or increase any pain, or diminish pleasure in us“[52].

Dagegen richtet Helvétius seine Ethikkonzeption weder auf den Verstand noch auf die Sinne aus. Er lenkt sein Augenmerk auf das Wohlergehen des politischen Gemeinwesens. Tugendhaft handelt allein derjenige, der zum allgemeinen Glück beiträgt. Aus einem Abgrenzungsstreben gegen die individuellen Ansprüche der Bürger heraus postuliert er: „Ein Mensch ist gerecht, wenn alle seine Handlungen auf das öffentliche Wohl abzielen“[53]. Tugendhaft sind allein diejenigen Entscheidungen, „die der Mehrheit nützen“[54]. Dem Staate als moralische Anstalt kommt dabei die Aufgabe zu, das heillos verstimmte ethische Konzert der einzelnen Bürger zu synchronisieren, es auf einen uniformen Ton zu stimmen. Seiner Auffassung nach muß die „Gerechtigkeit von Natur aus immer mit der nötigen Gewalt“[55] versehen werden, „um das Laster zu unterdrükken und die Menschen zu zwingen“[56]. Daß dabei die Gewissensentscheidung des Individuums in den Wind geschlagen wird, ficht Helvétius kaum an. Er schweigt sich auch darüber aus, nach welchen Kriterien der das allgemeine Wohl zu berücksichtigende Staat zu handeln hat. Letzten Endes steht bei ihm die Definition dessen, was ein gemeinschaftsorientiertes Handeln ausmacht, im Zeichen der ethischen Beliebigkeit. Bei ihm kommt eine Sichtweise zu Wort, die es dem Staatslenker gestattet, das bonum commune nach seinem eigenen Gusto zu bestimmen.

Dabei wird die Auffassung, daß der Unterschied zwischen guten und bösen Handlungen grundsätzlich auszumachen ist, von der Encyclopédie ins Lächer-

[51] *John Locke*: An Essay concerning Human Understanding, Bd. I, London 1793, S. 216. Vgl. dazu auch *Ernst Cassirer*: Die Philosophie der Aufklärung. Mit einer Einleitung v. Gerald Hartung, Hamburg 1998, S. 164.

[52] Ebenda.

[53] *Claude-Adrien Helvétius*: Vom Geist. Aus dem Französischen, Berlin/Weimar 1973, S. 171.

[54] Ebenda S. 133.

[55] Ebenda S. 220.

[56] Ebenda. Die Ethikkonzeption von Helvétius wird von Max Scheler äußerst kritisch beurteilt. Vgl. dazu seine Abhandlung „Das Nationale im Denken Frankreichs“, in: Schriften zur Soziologie und Weltanschauungslehre, hrsg. v. *Maria Scheler*, Bern/München ^{2}1963, S. 145.

liche gezogen. Die angeblich fadenscheinigen Stellen der überkommenen Ethik werden dadurch ausgebessert, indem man sich prinzipiell dem Wertrelativismus verschreibt. „Quelques moralistes ont eu recours pour expliquer l'homme, à un mélange de bons & de mauvais principes, qui lui-même a grand besoin d'être expliqué“[57].

Die Aufklärung, die für Friedrich Schlegel der „wesentliche Grund der moralischen Auflösung“[58] ist, weil sie fälschlicherweise nach „einer absoluten inneren und äußeren Freiheit“[59] strebt, hat weitgehend versäumt, das Böse in ihre moralische Rechnung einzubeziehen. Sie, die so stolz auf ihr realitätsadäquates Denken war, übersieht geflissentlich, daß sich der nach Unabhängigkeit strebende Mensch auch einem unbegrenzten Egoismus anheimgeben kann. Warum er ausgerechnet dem Altruismus das Wort reden soll, auf diese Frage weiß sie keine Antwort.

Dieses heuristische Desinteresse gegenüber dem Bösen liegt vor allem in dem Umstand beschlossen, daß sich die Aufklärung dem historischen Progressismus[60] verschrieben hat. Für denjenigen, der vom Fortschritt die Lösung aller Probleme erwartet, entschwinden die menschlichen Untaten aus dem Blickfeld. In diesem Denkhorizonte erschließt die vergangene Welt keine ethischen Dimensionen mehr. Folgerichtig verwirft Joseph Glanvill das Diktum, daß nichts gesagt werden kann, was nicht schon gesagt wurde. „That discouraging Maxime, Nil dictum quod non dictum prius, hath little room in my estimation“[61]. Auch die Auffassung des biblischen Salomo, demzufolge es nichts Neues unter der Sonne gibt, verfällt seiner Verachtung. „Nor can I tye up my belief to the Letter of Solomon[62]: Except Copernicus be in the right, there hath been something New under the Sun“[63]. Dabei habe die unmittelbare Vergangenheit unter Beweis gestellt, in welchem Ausmaße die Neuzeit zu revolutionären Veränderungen im Handeln und Denken in der Lage ist. „The last Ages have shewn us, what Antiquity never saw: no, not in a Dream“[64].

---

[57] Artikel Homme (Morale), in: Encyclopédie ou dictionnaire raisonné des sciences, des arts et de métiers. Bd. VIII, Neufchastel 1765, Nachdruck Stuttgart/Bad Cannstatt 1967, S. 275.

[58] *Friedrich Schlegel*: Signatur des Zeitalters, in: Studien zur Geschichte und Politik, hrsg. v. *Ernst Behler*, München/Paderborn/Wien 1966, S. 500.

[59] Ebenda.

[60] Vgl. dazu *Turgot*: Über die Fortschritte des menschlichen Geistes. Aus dem Französischen, hrsg. v. *Johannes Rohbeck/Lieselotte Steinbrügge*, Frankfurt am Main 1990; *Condorcet*: Entwurf einer historischen Darstellung der Fortschritte des menschlichen Geistes. Aus dem Französischen, hrsg. v. *Wilhelm Alff*, Frankfurt am Main 1963.

[61] *Joseph Glanvill*: Scepsis Scientifica (1665), New York/London 1978, S. 140.

[62] Der Prediger Salomo 1, 9.

[63] *John Glanvill*: Scepsis Scientifica, S. 140.

[64] Ebenda.

Wenn die Topoi des Fortschritts zum Kristallisationspunkt des Denkens avancieren, wenn Thilo Schabert zufolge „alle Überlieferung ... dem Urteil der Gegenwart unterworfen“[65] wird, dann erübrigt sich auch die Frage, „ob eine einzelne Handlung hier und jetzt richtig oder falsch, human oder inhuman ... ist“[66]. In diesem Falle stört Peter Dürrenmatt zufolge „das Böse in einem Bild vom Menschen, der auf die Vernunft hin fortschreitet“[67]. In diesem Zusammenhang hat Ulrich Schöndorfer darauf aufmerksam gemacht, daß der historische Progressist die ‚Sünden‘ durchweg „auf mangelnde Einsicht, auf Vorurteile und Beschränktheit“[68] zurückführt. Im Weltbild der Aufklärung wird diesen ethischen Defizienzen vom sich aufwärts entwickelnden Geschichtsprozeß der Garaus gemacht.

Nicht wenige Autoren halten dafür, daß dieses Denken für unsere gegenwärtige Wertekrise verantwortlich zu machen ist. Da die Aufklärung nur das begriffen und akzeptiert hat, was gegen die überkommene christliche Ethik gerichtet ist, kommt ihr in diesem Zusammenhang eine entscheidende Verantwortung zu. Indem sie nach Leszek Kolakowski „die Grenzen zur freien Festlegung der Kriterien für Gut und Böse“[69] geleugnet hat, stürzte sie uns in die Abgründe eines „moralischen Vakuums“[70].

Obgleich Agnes Heller einer anderen Denkfamilie wie Kolakowski angehört, hält auch sie dafür, daß wir unsere Wertekrise der Aufklärung anzulasten haben. Wolle man sinnvolle Erkenntnislinien in das Dickicht unserer Kulturprobleme ziehen, komme man kaum um diese Einsicht herum. „Die Geschichte Europas seit der Aufklärung ist der siegreiche Marsch der Idee der Freiheit und dieser Marsch war und ist zugleich die Geschichte des Verlustes aller Fundamente des Lebens und des Seins – die Geschichte der bewußten und gewollten Dekonstruktion“[71]. Im Gegensatz zur modernen Zeit, in der Gott den Menschen ethisch verpflichtete, hat der moderne Begriff der Freiheit „alle Verankerungen gelöst“[72]. In der Vehemenz, in der dieser illimitierte Freiheitsbegriff gegen alle traditionellen Werte ausgespielt wird, gibt sich die Aufklärung als eine nihili-

---

[65] *Thilo Schabert*: Gewalt und Humanität. Über philosophische und politische Manifestationen von Modernität, Freiburg/München 1978, S. 65.

[66] Ebenda.

[67] *Peter Dürrenmatt*: Zerfall und Wiederaufbau der Politik, München 1951, S. 100.

[68] *Ulrich Schöndorfer*: Der Fortschrittsglaube des Liberalismus und Positivismus, in: Der Fortschrittsglaube. Sinn und Gefahren. Festschrift für Dr. Franz König. Erzbischof von Wien, Graz/Wien/Köln 1965, S. 27.

[69] *Leszek Kolakowski*: Wo sind die Barbaren?, in: Der Monat Nr. 227, 1980, S. 81.

[70] Ebenda.

[71] *Agnes Heller*: Undialektische Dialektik. Der Stand der Aufklärung in Europa, in: Leviathan 25 (1997), S. 240.

[72] Ebenda.

stische Denkweise zu erkennen. Ihr kommt das höchst zweifelhafte Verdienst zu, daß wir einem Kulturprozeß überantwortet wurden, in dem wir „ohne Wahrheit ... existieren“[73] müssen.

Dabei ist die Aufklärung, die die Intoleranz so sehr bekämpfte, selber von ihrem Geist infiziert. So weist Reinhold Niebuhr darauf hin, daß sie in dem Maße, in dem sie „die Vernunft zum Gott zu machen“[74] versuchte, einen Fanatismus an den Tag legte, „der viel grausamer ist als jener, den eine falsche religiöse Orthodoxie erregt hatte“[75]. Für Richard Fester war auch diese ideologische Familie „der Kulturfäulnis, der Inquisition und dem Zelotentum“[76] verhaftet.

Bevor man allerdings in die Versuchung gerät, der Aufklärung wegen ihrer ethischen Defizienzen in toto den Kampf anzusagen, muß auch erkannt sein, daß ihre radikale Infragestellung ebenso unangebracht ist wie ihre Glorifizierung. Sie, die sich im Schoß der christlichen Kultur entwickelt hat[77], hat neben ihren eindeutig negativ zu bewertenden Auswirkungen auch positive Ergebnisse gezeitigt. Zu ihnen ist beispielsweise der dem Christentum zutiefst verpflichtete Menschenrechtsgedanke zu zählen. Auf diese Weise schließt eine dezidiert distanzierte Haltung zu ihr auch ein gewisses Maß an Respekt keineswegs aus. In diesem Zusammenhang vertritt Wilhelm Flitner die Auffassung, daß „man ... die Grenzen der Aufklärung kritisch feststellen, ihre Gültigkeit relativieren, aber sie nicht ungeschehen machen kann“[78].

Auch vom Liberalismus wird man kaum behaupten können, daß er alles daransetzte, die christliche Wertekonzeption zu seiner Sache zu machen. Für Christopher Dawson handelt es sich bei seinen sozialen und politischen Ordnungsvorstellungen um „nichts anderes als die Fortsetzung der Aufklärung und ihre Anpassung an die Verhältnisse der kapitalistischen Gesellschaft“[79]. Obgleich sich große Repräsentanten dieses Ideenkreises wie William Gladstone[80] und

[73] Ebenda.

[74] *Reinhold Niebuhr*: Jenseits der Tragödie. Bemerkungen zu einer christlichen Deutung der Geschichte. Aus dem Amerikanischen. München 1947, S. 142. Vgl. dazu *Johann Baptist Müller*: Reinhold Niebuhrs Demokratielehre, in: Politisches Denken, Jahrbuch 1994, S. 137 ff.

[75] Ebenda.

[76] *Richard Fester*: Die Säkularisation der Historie, S. 453.

[77] Vgl. dazu *T. S. Eliot*: „Allein die christliche Kultur konnte einen Voltaire hervorbringen“ (Die Einheit der europäischen Kultur. Aus dem Englischen, Berlin 1946, S. 53).

[78] *Wilhelm Flitner*: Europäische Gesittung. Zürich/Stuttgart 1961, S. 522.

[79] *Christopher Dawson*: Die Revolution der Weltgeschichte. S. 65.

[80] Vgl. dazu *Johann Baptist Müller*: Religion und Politik. Wechselwirkungen und Dissonanzen. Berlin 1997, S. 90 ff.: *J. P. Parry*: Democracy and Religion. Gladstone and the Liberal Party, 1867–1875, Cambridge 1989.

Friedrich Naumann[81] der christlichen Tugendlehre verpflichtet fühlten, so wird man doch kaum leugnen können, daß dieser auch Positionsbestimmungen kennt, die den Lehren der Kirchen diametral widersprechen.

Das gilt in besonderem Maße für die Freiheitslehre von John Stuart Mill. Wenn ihm zufolge jeder „selbst ... der letzte Richter"[82] ist, dann ist der Wertebeliebigkeit Tür und Tor geöffnet. Mill redet den individualistischen Moralvorstellungen so intensiv das Wort, daß ihm zufolge „weder ein einzelner Mensch noch eine Mehrzahl von Menschen ... berechtigt"[83] sind, „einem anderen menschlichen Geschöpf ... zu sagen, es sollte mit seinem Leben für seinen eigenen Nutzen nicht das tun, was zu tun seine eigne Wahl ist"[84]. Die Auffächerung der Millschen Ethikvorstellung führt Owen Chadwick zu dem Ergebnis, daß diese jeglicher gesellschaftsstabilisierenden Kraft enträt. Seine Absicht, das Individuum in den Mittelpunkt seines Denkens zu stellen, resultiere in einer gemeinschaftswidrigen Sozialkonzeption. „The end-result is fatal to society, fatal to consensus, fatal to responsible authority"[85].

Eine die Imperative der Gemeinschaft negierende Haltung legt auch der bedeutende liberale Historiker Lord Macaulay an den Tag. Das soziale Ganze und der Einzelne sind für ihn Facetten, die sich gegenseitig weniger erhellen als dementieren. Im sicheren Bewußtsein seines Subjektivismus proklamiert er, daß „Gesellschaften und Gesetze lediglich zu dem Zwecke bestehen, die Summe des Privatglücks zu vermehren"[86]. Alle Ethikgebäude, die die einzelne Person in einen allgemeinen Verpflichtungszusammenhang stellen, weisen für ihn ein negatives Vorzeichen auf. Für ihn ist „nichts so unnütz ... als eine allgemeine Maxime"[87]. Eingepfercht in das Gehäuse seiner individualistischen Moralvorstellung bezeichnet er die gegnerische Ethikkonzeption als „Vorschrift für einen Armenschüler"[88]. Als Werterelativist gibt sich Macaulay auch mit seiner Behauptung zu erkennen, daß die Nachwelt kein geeigneter Richter für eine vorhergegangene Epoche sei. Allzu schnell gerieten die Nachgeborenen in die Gefahr, ihre Vorfahren auf das Prokustesbett einer verengten moralischen Sicht-

---

[81] Ebenda S. 80 ff.

[82] *John Stuart Mill*: Über Freiheit. Aus dem Englischen, hrsg. v. *Achim von Borries*, Frankfurt am Main/Wien 1969, S. 92.

[83] Ebenda S. 91.

[84] Ebenda S. 91 f. Der Millsche Subjektivismus wird von Gertrude Himmelfarb verworfen. Vgl. dazu ihre Abhandlung: On Liberty and Liberalism. The Case of John Stuart Mill, San Francisco Cal. 1990.

[85] *Owen Chadwick*: The Secularization of the European Mind, S. 35.

[86] *Thomas Macaulay*: Machiavelli. Aus dem Englischen. Vorwort v. Eberhard Straub, Heidelberg 1994, S. 60 f.

[87] Ebenda S. 60.

[88] Ebenda.

weise zu legen. „Jedes Zeitalter und jede Nation hat gewisse charakteristische Laster, die fast allgemein vorherrschen, die sich kaum irgend jemand einzugestehen scheut und die selbst strenge Sittenrichter nur gelind tadeln"[89]. Wenn die Rückblickenden ihren moralischen Zeigefinger erheben, begehen sie den groben Fehler, eine höchst subjektive „eigene Gerechtigkeit und Einsicht"[90] zu beanspruchen.

Dem Modell einer Ordnung, das seinen Sinn aus dem seine Werte selber bestimmenden Individuum heraus erhält, ist auch die liberale Nationalökonomie verpflichtet. Wenn man von ihrem sozialliberalen Ableger[91] einmal absieht, so gehört es für die meisten ihrer Repräsentanten zum Grundmerkmal ihres Denkens, dem selbständigen homo oeconomicus das Wort zu reden. Den Fluchtpunkt ihrer Denkanstrengung bildet eine Sozialordnung, die sich nach Adam Smith als „commercial society"[92] zu erkennen gibt, in der „every man ... a merchant"[93] ist. Daß dabei der uralte Topos der Gerechtigkeit aus dem Blickfeld gerät, ficht die liberale Volkswirtschaftslehre nicht an. Ein augenfälliges Beispiel für diese Haltung findet sich in den Schriften von John Prince-Smith. Für ihn ist es als „ein Gewinn für die Kultur"[94] anzusehen, wenn sich die „Ungleichheit der Lebenslagen noch steigerten"[95]. Dabei weitet er seine Überlegungen ins Grundsätzliche aus, wenn er seinen Begriff der iustitia socialis demjenigen der Scholastik[96] gegenüberstellt. Für ihn wird „wirtschaftliche Gerechtigkeit hergestellt ..., wo volle Freiheit des Wettbewerbs"[97] herrscht. Dabei steht es für Prince-Smith außer Zweifel, daß „die bestehende Vermögensungleichheit ... eine Folge von Ungleichheiten körperlicher, geistiger und sittlicher Anlage ist"[98].

In immer stärkerem Maße brach sich in der Gesellschaft des 19. Jahrhunderts die liberale Ordnungsidee Bahn. Dem Topos des sich selbst bestimmenden

---

[89] Ebenda S. 38.

[90] Ebenda.

[91] Vgl. dazu *Johann Baptist Müller*: Die politischen Ideenkreise der Gegenwart, Berlin 1992, S. 32 ff.

[92] *Adam Smith*: An Inquiry into the Nature and Causes of the Wealth of Nations, S. 10.

[93] Ebenda.

[94] John Prince-Smiths Gesammelte Schriften, Bd. I., hrsg. v. *Otto Michaelis*, Berlin 1877, S. 405.

[95] Ebenda.

[96] Vgl. dazu *Otto Schilling*: Christliche Gesellschaftslehre, Freiburg im Breisgau 1933, S. 5 ff.

[97] *John Prince-Smith*: Gesammelte Schriften, Bd. I, S. 423.

[98] Ebenda S. 416. Allerdings war nicht die gesamte deutsche Nationalökonomie dieser Zeit auf diesen hyperliberalen Ton gestimmt. So votierte Carl Rodbertus für die sozialpolitische Intervention. Vgl. dazu den „Programmentwurf von Rodbertus", in: Gesammelte Werke und Schriften. Abteilung I. Bd. II, Osnabrück 1971, S. 12 ff.

Menschen wuchs zunehmende Wirkkraft zu. Darauf hat nicht zuletzt Isaiah Berlin verwiesen. „Gegen Ende des 18. und zu Beginn des 19. Jahrhunderts stoßen wir auf eine geringschätzige Haltung gegenüber Regeln und Formen"[99]. Allerorten ließen sich „leidenschaftliche Plädoyers für den freien Selbstausdruck von Gruppen, Bewegungen und Individuen"[100] vernehmen. Dabei enthob man sich geflissentlich der Beantwortung der Frage, „wohin dies führt"[101].

Sie wurde von bedeutenden Persönlichkeiten mit der Rückäußerung versehen, daß allerorten ein gravierender Zersetzungsprozeß der alten Werteordnung festzustellen ist. Für Ernest Renan hat der Aufstieg der liberalen Wettbewerbsgesellschaft, ihr emphatisches Bekenntnis zum egoistisch handelnden Wirtschaftsakteur, zu einer Erosion des alten Wertegebäudes geführt, die historisch ohne Beispiel ist. Nichts kennzeichne die liberale Wirtschaftssozietät so sehr wie jene Haltung, die jegliche Reverenz vor den überkommenen moralischen Normen ablehnt. „Notre siècle a créé des outillages matériels de plus en plus perfectionnés, sans s'apercevoir que le fonctionnement de ces outillages suppose un certain degré de moralité"[102]. Auch für Paul Bourget läßt diese Gesellschaft Wertungsgrundsätze erkennen, bei denen ein der Ichbezogenheit verpflichteter Wertrelativismus Platz gegriffen hat. Ihr führender Gesellschaftstypus bewegt sich nicht mehr in den Dimensionen seiner Sozialpflichten, sondern stellt seine ironisch grundierte Werteindifferenz unter Beweis. „Le bien et le mal, ... les vices et les vertus lui paraissent des objets de simple curiosité"[103]. Dabei sind die beiden großen Franzosen zu denjenigen Kulturkritikern zu rechnen, die im Sinne von Hans Joachim Schoeps „die Krisis ihrer Zeit und die Anzeichen eines künftigen Zusammenbruchs der bisherigen Lebensordnungen und Wertetafeln richtig gedeutet haben"[104].

Auch im Blick auf viele Repräsentanten des heutigen Liberalismus wird man kaum behaupten können, daß die Werteethik der Alten bei ihnen in den allerbesten Händen ist. Ihre mit oft provozierender Entschiedenheit vorgetragenen Positionen atmen den Geist einer Haltung, derzufolge der Markt als entscheidender Maßstab für die Bewertung sozialer Sachverhalte anzusehen ist.

Was Friedrich August von Hayek anlangt, so behauptet er schnurstracks, daß „unsere heutigen Wertmaßstäbe ein Ergebnis des Konkurrenzsystems, unter

---

[99] *Isaiah Berlin*: Das krumme Holz der Humanität, S. 269.

[100] Ebenda.

[101] Ebenda.

[102] *Ernest Renan*: Feuilles détachées, Paris ^{4}1892, S. XIV.

[103] *Paul Bourget*: Le disciple. Préface, Paris 1889, S. IX.

[104] *Hans Joachim Schoeps*: Vorausahnungen der ‚Regenpfeifer' des 19. Jahrhunderts, in: Konservative Erneuerung, Stuttgart 1950, S. 25.

dem wir bis jetzt gelebt haben“[105], sind. Seine moraltheoretischen Energien fließen auch in ökonomistische Bahnen, wenn er davon ausgeht, in wie starkem Maße unsere ethischen Vorstellungen „notwendigerweise mit dem Aufhören des Wettbewerbs gleichfalls“[106] verschwinden werden. Auf dieser Linie der Überlegung kommt er zu dem Ergebnis, es gebe keine Wertvorstellungen, die als „unveränderlich und ewig“[107] anzusehen sind. In diesem Zusammenhang wird auch der Begriff des bonum commune der Illegitimität geziehen. Er gibt sich in seinen Augen als Leerformel zu erkennen, weil wir keine „übereinstimmende Ansicht darüber ... bilden“[108] können, „was man in der oder jener Lage tun“[109] sollte. Für ihn ist das „einzige Gemeinwohl die Erhaltung jenes Mechanismus, der alle nötigt, sich den ständig ändernden Umständen anzupassen“[110].

Da die Ethikpostulate das „Ergebnis eines Evolutionsprozesses sind“[111], dessen „Resultate niemand vorhergesehen oder entworfen hat“[112], ist die Forderung nach sozialer Gerechtigkeit letzten Endes utopisch und irrelevant. Die Rechtfertigung dieser Haltung liegt in dem Umstand, daß allen derartigen Topoi ein geschichtlich überholter Charakter eignet. In seiner individualistischen Perspektive geben sie sich als „ein Atavismus“[113] zu erkennen. Die Zeiten sind endgültig vorbei, in denen sich Platon, Aristoteles und Thomas von Aquin als Lehrmeister gerieren konnten.

Aus dieser Sichtweise heraus erwächst bei Ludwig von Mises die Forderung, auch das Schicksal der Mühseligen und Beladenen im Lichte des Marktprinzipes zu interpretieren. Ihm zufolge bleibt kein „Raum für persönliche Unzulänglichkeiten“[114]. Sein Versuch, das leistungsorientierte Seinsgesetz der Marktwirtschaft zu enthüllen, führt zu der angeblich unabwendbaren Einsicht, daß dem weniger Leistungsfähigen das Kainsmal des Insuffizienten auf die Stirn ge-

---

105 *F. A. Hayek*: Der Weg zur Knechtschaft. Aus dem Englischen, Erlenbach/Zürich ^{3}1952, S. 146.

106 Ebenda.

107 *F. A. von Hayek*: Die drei Quellen der menschlichen Werte. Tübingen 1979, S. 31.

108 *F. A. Hayek*: Der Weg zur Knechtschaft, S. 84.

109 Ebenda.

110 *Friedrich August von Hayek*: Sozial – ein Schwammwort. Leserbrief an die Frankfurter Allgemeine Zeitung Nr. 85, 10. April 1967.

111 *Friedrich August von Hayek*: Recht, Gesetzgebung und Freiheit. Bd. I: Regeln und Ordnung. Aus dem Amerikanischen, Landsberg ^{2}1980, S. 59.

112 Ebenda.

113 *Friedrich August von Hayek*: Die Anmaßung von Wissen. Neue Freiburger Studien, hrsg. v. *Wolfgang Kerber*, Tübingen 1996, S. 55. Vgl. dazu auch *Johann Baptist Müller*: Die soziale Frage – der blinde Fleck der ‚Chicago School‘, in: Berliner Debatte. Initial 9 (1998), S. 53 ff. Nachgedruckt in: Zeitschrift für Ganzheitsforschung 42 (1998), S. 187 ff.

114 *Ludwig von Mises*: Die Wurzeln des Antikapitalismus. Aus dem Amerikanischen, Frankfurt amMain 1958, S. 20.

schrieben ist. „Jedermann weiß nur zu gut, daß andere Menschen erfolgreich waren, wo er selbst versagt hat“[115]. In den unnachsichtigen und mitleidslosen Augen der Gesellschaft figuriert er als unterlegenes Individuum. „Er sieht, wie man jene bewundert, die mehr Erfolg hatten, und wie man auf sein Versagen mit Verachtung ... herabblickt“[116]. Indem sich die Gesellschaft dem karitativen Interpretationsmuster verweigert, muß der Erfolglose akzeptieren, „daß er von seinen Mitmenschen geprüft, aber als mangelhaft befunden worden ist“[117]. Ihm bleibt letzten Endes nichts anderes übrig, als „sich seiner eigenen Minderwertigkeit bewußt“[118] zu werden.

Gegen diese Form von Marktdeifizierung haben nicht wenige Autoren ihre kritische Stimme erhoben. Dabei stammen diese in nicht wenigen Fällen sogar aus dem liberalen Denklager selber. So weist es Wilhelm Röpke weit von sich, den Markt als alleinigen Schiedsrichter über die soziale Wertewelt anzusehen. Die Zeloten der Konkurrenzvergöttlichung übersähen geflissentlich, daß es einen Normenbereich gibt, den „der Markt nicht selber erzeugt“[119]. Röpkes emphatisches Bekenntnis zu ethischen Postulaten, die außerhalb der Ökonomie angesiedelt sind, resultiert in seiner Überzeugung, in wie starkem Maße „gerade die eigentlichen Werte und Würzen des Lebens keinen handelbaren Marktwert haben“[120]. Sie kämen eindeutig zu kurz, „wenn wir Angebot und Nachfrage frei wuchern lassen“[121]. Nur wer sich dem Prinzip der selektiven Wahrnehmung verschrieben habe, könne übersehen, in wie starkem Maße „Gerechtigkeit, Verantwortung für das Ganze, Wohlwollen und Sympathie, Gefühl für Menschenwerte“[122], Tugenden darstellen, die mit dem Marktgeschehen herzlich wenig zu tun haben. Darüber hinaus sei es auch kaum möglich, die Burkeschen „unbought graces of life“[123] in einen ökonomistischen Interpretationszusammenhang zu sperren.

Neben dem Liberalen Wilhelm Röpke, der sich eigentlich als Liberalkonservativer geriert, haben auch sehr viele Repräsentanten des konservativen Ideen-

---

[115] Ebenda.

[116] Ebenda.

[117] Ebenda S. 19.

[118] Ebenda S. 20.

[119] *Wilhelm Röpke*: Wort und Wirkung, hrsg. v. *Walter Hoch*, Ludwigsburg 1964, S. 152.

[120] Ebenda S. 152 f.

[121] Ebenda S. 153.

[122] Ebenda S. 152. Vgl. dazu auch *Franz Kromka*: Vitalreserven der Marktwirtschaft, Zürich/Osnabrück 1995, S. 89 ff.

[123] Ebenda. Vgl. dazu auch *Jörg Erwin Schweizer*: Wilhelm Röpke. Arbeit zur Erlangung des akademischen Grades Magister Artium. Institut für Politikwissenschaft der Universität Stuttgart 1987, S. 113 ff.

kreises ihren Widerwillen gegen den in Rede stehenden Ökonomismus zu Protokoll gegeben. Auch für sie liquidiert seine Denkweise die Voraussetzungen für eine humane Gesellschaftsordnung. Dabei verfestigen sich für den Amerikaner Marlo Lewis vor allem v. Hayeks wirtschaftszentrierte Reflexionen zum objektiven Befund einer in die Irre führenden Ordnungsvorstellung. Gerade derjenige, der sich einem „principled conservatism“[124] verpflichtet weiß, müsse sie mit aller zur Verfügung stehenden Skepsis in den Blick nehmen. „To Hayek, apparently, the only justification for traditional morality is its utility in promoting interests that are themselves non-moral“[125]. Die Klammer, die seine Theorie zusammenhält, ist die höchst illegitime Auffassung, daß allein die utilitaristische Grundhaltung des Einzelnen über das entscheidet, was als richtig oder als unrichtig, als gut oder böse, zu bewerten ist. „Hayek acknowledges only one criterion for judging the correctness of any possible set of moral norms is efficacy or inefficacy in maintaining a social order, in which everyone is free to pursue his own ends“[126]. Dabei würden notwendigerweise die großen und keineswegs überholten Fragen der überkommenen abendländischen Ethik auf den Konkurrenzmechanismus herabtransponiert. Die Illegitimität des v. Hayekschen Denkens schließt sich für Marlo Lewis deshalb nur dann auf, wenn man es als einen prinzipiellen Anschlag auf die Werteordnung des Abendlandes begreift. „It overlooks the epochal breakthroughs in moral understanding that took place in Athens nearly 25 centuries ago and in the Sinai Desert some eight centuries before that“[127].

Ehe man das Denken v. Hayeks als das wirkungslose Produkt aus der schalldicht abgepolsterten Gelehrtenstube abbucht, muß nach Irving Kristol erkannt sein, daß dieses nicht nur die Gesellschaft destabilisiert, sondern sie auch aller Abwehrkräfte gegenüber ihren ideologischen und politischen Gegnern beraubt. Man unterliegt also einer Fehlinterpretation, wenn man es als die letzte Bastion der freiheitlich konstruierten Politie begreift. Kristols Kritik fließt aus der Überzeugung, daß diese Ordnungskonzeption letzten Endes den antiliberalen Kräften Sukkurs erweist. „To refute de Sade and Nietzsche“[128], dazu sei v. Hayeks ideologische Position völlig außerstande.

---

[124] *Marlo Lewis*: The Achilles Heel of F. A. Hayek, in: The National Review, May 17, 1985, S. 32.

[125] Ebenda.

[126] Ebenda. Vgl. dazu auch: *Paul Valadier S. J.*: La justice sociale, un mirage?, A propos du libéralisme de F. A. Hayek, in: Études Bd. 358. 1983, S. 67 ff.

[127] Ebenda.

[128] *Irving Kristol*: Two Cheers of Capitalism, New York 1978, S. 68.

2. Machtverherrlichung, Evolutionismus und Sozialdarwinismus

Auch wenn man die Auffassung Jacob Burckhardts ablehnt, derzufolge „die Macht an sich böse ist“[129]und es eher mit Hannah Arendt hält, daß die „Macht... zum Wesen aller staatlichen Gemeinwesen“[130] gehört, so wird man dem großen Basler Historiker jedoch kaum widersprechen können, wenn er behauptet, in bestimmten Perioden der Geschichte werde „ohne Rücksicht auf irgendeine Religion das Recht des Egoismus... dem Staate zugesprochen“[131]. In diesem Falle führt nach A. E. Brinckmann die „gesteigerte Selbstsucht“[132] der politischen Gemeinwesen zur Entfremdung „von den objektiven Wertgesetzen“[133]. Die Leitmaxime des jeglichem Sittengesetz abholden Machthabers lautet dann Goethe zufolge: „Nemo contra deum nisi deus ipse“[134].

Im historischen Rückblick erkennen wir, daß die Spannung zwischen der außenpolitischen Macht und der Moralordnung ein Phänomen der Neuzeit ist. Nach Gerhard Ritter kennt „die Staatenwelt des Hochmittelalters... noch nicht den modernen Begriff des Machtinteresses als Grundlage einer grundsätzlich kämpferischen Außenpolitik“[135]. Im Verlaufe der historischen Entwicklung bricht jedoch „die große Einheit des christlichen Abendlandes... in eine Vielzahl von Staaten auseinander, deren Kämpfe immer mehr die ideologische Verbrämung abstreifen und immer eindeutiger das nackte Machtinteresse als Motiv des Handelns hervortreten lassen“[136]. Dies zeigt sich zunächst in den Machtkämpfen der Großmächte um die Herrschaft in Italien seit dem Jahre 1494[137].

Nun weigerten sich die Staatsphilosophen, die Kategorien der Macht und der Ethik zusammenzudenken. Begriffen und akzeptiert wird von ihnen nur noch das, was auf ein kratologisches Modell zu bringen ist. In wie starkem Maße der schiere Herrschaftsgedanke in dieser Zeit ideologisches Terrain eroberte, dafür ist Francesco Guicciardini ein besonders augenfälliges Beispiel. Er hält nämlich dafür, daß derjenige, der zu befehlen hat, dabei „nicht allzuviel Rücksicht

---

[129] *Jacob Burckhardt*: Weltgeschichtliche Betrachtungen, hrsg. v. *Rudolf Marx*, Stuttgart 1938, S. 36.

[130] *Hannah Arendt*: Macht und Gewalt. Aus dem Englischen, München ^{4}1981, S. 52.

[131] *Jacob Burckhardt*: Weltgeschichtliche Betrachtungen, S. 36.

[132] *A. E. Brinckmann*: Geist im Wandel. Rebellion und Ordnung, Hamburg 1946, S. 57.

[133] Ebenda.

[134] *Johann Wolfgang von Goethe*: Wahrheit und Dichtung, in: Goethes Werke, in einer Auswahl hrsg. v. *Heinrich Düntzer*: Stuttgart und Leipzig ^{7}1898, S. 1265.

[135] *Gerhard Ritter*: Vom sittlichen Problem der Macht, Bern/München ^{2}1961, S. 2.

[136] Ebenda S. 13.

[137] Ebenda.

und Feingefühl"[138] an den Tag legen sollte. Wenn der Staat im Außenbereich erfolgreich sein wolle, sei es fehl am Platze, den „Untertanen zu viel Freiheit zu lassen"[139].

Daß diese Form von Machtverherrlichung auf heftige Kritik stieß, verwundert kaum. Dabei geriet vor allem Machiavelli in das Fadenkreuz unnachsichtiger Nach- und Rückfragen. So wirft ihm der liberale Historiker Benedetto Croce vor, „für das Wohl des Staates nicht nur den guten Namen, sondern auch das Seelenheil"[140] opfern zu wollen. Der Florentiner ziehe vor allem rücksichtslos gegen das Christentum zu Felde. Während die heidnische Religion in seinen Augen „menschlichen Ruhm und Seelengröße"[141] pries, stelle die christliche „das Leiden über das Handeln"[142].

Nicht minder unnachsichtig fällt das ethische Urteil Gerhard Ritters über Machiavelli aus. Ihm sei jeglicher Sinn für das überkommene Sittengesetz abhanden gekommen. „Wir haben es mit einem rein kämpferischen Staatsideal zu tun, in dem die Tugenden der Soziabilität – in schroffem Gegensatz zur platonischen und augustinischen Staatslehre – nur eine wenig beachtete Nebenrolle spielen, ja sogar als Gefahr erscheinen können"[143]. Das ist die Konsequenz einer Staatsauffassung, die auf die sittliche Interpretation des Gemeinwesens zugunsten einer ins Extreme gesteigerten Machtverherrlichung glaubt verzichten zu können. „Recht, bürgerliche Sittlichkeit, Religion – das alles besitzt für Machiavelli keinen Eigenwert, sondern nur ein gewisses Interesse als Hilfsmittel staatlicher Machtgründung"[144].

Das Fragen nach der späteren Machtverherrlichung zieht notwendigerweise eine Erörterung des Einflusses nach, den Machiavelli ausgeübt hat. Isaiah Berlin zufolge ist dieser vor allem im Denken Hegels aufzuspüren[145]. Indem dieser den Staat als die „Wirklichkeit der sittlichen Idee"[146] bezeichnete, gibt er sich Alfred von Martin zufolge zu einem Verklärungsgeschäft der politischen Herrschaftsgewalt her. Dies hat seinen Grund vor allem in der Ausblendung überkommener

---

[138] *Francesco Guicciardini*: Das politische Erbe der Renaissance. (‚Ricordi'). Aus dem Italienischen, hrsg. v. *Ernesto Grassi*, Bern 1946, S. 60. Vgl. dazu auch *Herfried Münkler*: Im Namen des Staates. Zur Begründung der Staatsraison in der frühen Neuzeit, Frankfurt am Main 1987, S. 78 ff.

[139] Ebenda.

[140] *Benedetto Croce*: Grundlagen der Politik. Aus dem Italienischen, München 1924, S. 53.

[141] Ebenda.

[142] Ebenda.

[143] *Gerhard Ritter*: Vom sittlichen Problem der Macht, S. 53.

[144] Ebenda.

[145] *Isaiah Berlin*: Das krumme Holz der Humanität, S. 51.

[146] *G. W. F. Hegel*: Grundlinien der Philosophie des Rechts § 257.

Ethikvorstellungen. „Hegels sogenannte Rechtsphilosophie findet den ‚präsenten Gott' nicht im menschlichen Gewissen, sondern im Staate. Gemäß solchem blasphemischen Gottesbegriff kann der Staat per se sittlich erklärt werden, die Bindung an ihn für die denkbar höchste ... Bindung"[147]. Auf diese Weise werden die traditionellen Ethikmuster kassiert, „die Sittlichkeit historisiert"[148].

Zu denjenigen, die sich in Deutschland dieser Linie der Hegelinterpretation verpflichtet fühlen, zählt nicht zuletzt der in seiner Bedeutung kaum zu überschätzende Staatsphilosoph Friedrich Julius Stahl[149]. Mit seiner der Sittenlehre des Christentums verpflichteten Staatskonzeption kam dieser notwendigerweise in Konflikt mit derjenigen Hegels[150]. Während dieser in seinem kratologisch ausgerichteten Denksystem der Verdrängung christlicher Politikgedanken das Wort redete, kreist das Denken Stahls um die höchst persönliche Verantwortung des einzelnen Staatsbürgers und seiner Obrigkeit gegenüber den Geboten Gottes. Hegels Grunddefizienz bestehe darin, den „Begriff des absoluten oder bez. des objektiven Geistes"[151] an die Stelle des „Begriffs vom sittlichen Reiche"[152] gesetzt zu haben.

In wie starkem Maße Kratos und Ethos auseinanderdividiert wurden, dafür ist auch Heinrich von Treitschke ein augenfälliges Beispiel. Dabei gründet der Respekt, den er Machiavelli zollt, in einem kritischen Abstand zu all denjenigen, die die Macht des Staates einem objektiv gültigen Sittengesetz unterordnen wollen. Wenn Treitschke behauptet, daß es „immer Machiavellis Ruhm bleiben"[153] werde, „den Staat auf seine eigenen Füße gestellt und in seiner Sittlichkeit von der Kirche frei gemacht"[154] zu haben, dann hat er dezidiert von der alten Idee der sittlichen Verpflichtung des politischen Gemeinwesens Abschied genommen. Wie bei Hegel, so werden auch bei Treitschke Sittlichkeit und Staat ineins gesetzt. In diesem Sinne bezeichnet er seine Machtausweitung als „höchste sittliche Pflicht"[155].

Daß er ohne Zweifel einem kratologisch bestimmten Denksystem verpflichtet ist, beweist seine Behauptung, daß sich das Verhalten des Staates nach an-

[147] *Alfred von Martin*: Ordnung und Freiheit, Frankfurt am Main 1956, S. 193.

[148] Ebenda.

[149] *Johann Baptist Müller*: Die Staatslehre Friedrich Julius Stahls, in: IfS-Nachrichten Nr. 13, hrsg. v. *Rüdiger Voigt*, München 1999.

[150] Vgl. dazu: *Friedrich Wilhelm Kantzenbach*: Der Weg der evangelischen Kirche vom 19. zum 20. Jahrhundert, Gütersloh 1968, S. 18.

[151] *Friedrich Julius Stahl*: Rechts- und Staatslehre auf der Grundlage christlicher Weltanschauung, in: Die Philosophie des Rechts, Bd. II, Heidelberg ^{3}1856, S. 5.

[152] Ebenda S. 6.

[153] *Heinrich von Treitschke*: Politik, hrsg. v. *Max Cornicelius*, Bd. I, Leipzig ^{4}1918, S. 90.

[154] Ebenda.

[155] Ebenda S. 100.

deren Leitlinien zu richten hat als das des Bürgers. Seiner Auffassung zufolge ist „die Rangordnung der verschiedenen Pflichten ... für den Staat ... notwendig eine ganz andere ... als für den einzelnen Menschen“[156]. Ihm seien Verhaltensregeln aufgegeben, in die die politische Gemeinschaft niemals eingezwängt werden könne. „Das Individuum soll sich opfern für eine höhere Gemeinschaft, deren Glied es ist; der Staat aber ist selbst das Höchste in der äußeren Gemeinschaft der Menschen, darum kann die Pflicht der Selbstvernichtung gar nicht an ihn herantreten“[157]. In diesem Kontext vergißt es Treitschke auch nicht, die Staatslehre des Christentums in seinen kritischen Blick zu nehmen. Nach seiner Auffassung ist „die Christenpflicht der Aufopferung für etwas Höheres ... für den Staat gar nicht vorhanden“[158].

Das Bild eines uneingeschränkt machtorientierten Staates hat sich auch bei Carl Schmitt so sehr ins Bewußtsein geschoben, daß er der Unterscheidung von Kratos und Ethos mit äußerster Ablehnung entgegentritt. Dabei wirft er vor allem Friedrich Meinecke vor, diese beiden Begriffe in eins gesetzt zu haben. In der Vehemenz, in der dieser den Ethikgedanken gegen die Machtverherrlichung ausspiele, bleibe er hoffnungslos „im Moralischen, d. h. in der liberalen Tradition des 18. und 19. Jahrhunderts“[159] stecken. Den Kulminationspunkt seiner irrigen, utopisch eingefärbten Politikauffassung erreiche Meinecke mit der Forderung, „daß die Macht ... sich in die Sphäre des Ethischen erheben“[160] müsse. Dabei habe er geflissentlich übersehen, in wie starkem Maße sie sich dabei „mit etwas ihrer Natur Fremdem, sogar Gegensätzlichem“[161] zu vermählen habe.

Wer allerdings annehmen sollte, daß die ezessive Verherrlichung der Staatsmacht und ihrer Nation ein rein deutsches Phänomen ist, dem sei empfohlen, einen Blick in Julien Bendas Abhandlung „Der Verrat der Intellektuellen“[162] zu werfen. Er wirft nicht nur Treitschke, sondern auch dem Engländer Rudyard Kipling[163] und seinen Landsleuten Charles Maurras[164] und Maurice Barrrès[165] vor, den Glanz der unbegrenzten politischen Herrschaft aufpoliert zu haben.

---

[156] Ebenda.

[157] Ebenda.

[158] Ebenda.

[159] *Carl Schmitt*: Zu Friedrich Meineckes ‚Idee der Staatsraison‘, in: Archiv für Sozialwissenschaften und Sozialpolitik 56 (1926), S. 226.

[160] Ebenda.

[161] Ebenda.

[162] *Julien Benda*: Der Verrat der Intellektuellen. Aus dem Französischen, München/Wien 1978.

[163] Vgl. dazu *Rudyard Kipling*: The Law of the Jungle, in: Das II. Dschungelbuch. Aus dem Englischen, hrsg. v. *Gisbert Haefs*, Zürich 1991, S. 27 ff.

[164] Vgl. dazu: *Charles Maurras*: La seule France, Paris 1941.

[165] Vgl. dazu: *Maurice Barrès*: L'union sacrée, Paris 1915.

Vor allem die Ideen der beiden Franzosen schießen für ihn zu einem Gedankengespinst zusammen, das den Staat über das objektiv gültige Sittengesetz erhebt. Für diese „Moralisten des Realismus"[166] sei „jedwede Handlung, die den Staat kräftigt, schon allein dadurch moralisch wertvoll"[167]. Auf diese Weise würde die Bedeutung der vormals geltenden ethischen Normen in ihr schieres Gegenteil verkehrt. „Das Böse im Dienst der Politik hört auf, Böses zu sein, und wird zum Guten"[168]. Wenn die ansonsten der Religion feindlich gegenüberstehenden Machtapologeten dem „Christentum höchstes Lob zollen"[169], weil „es ja eine vorzügliche Schule praktischer, ordnungsstiftender Tugenden und institutionserhaltender Werte sei"[170], dann habe die Heuchelei ihren Gipfelpunkt erreicht. Auf diese Weise sei der Abschied von der abendländischen Wertetradition unmittelbar gegeben. Während verantwortungsvolle Denker „über zweitausend Jahre hinweg gepredigt hatten, der Staat müsse gerecht sein"[171], postulieren nun die Apologeten seiner Machtsteigerung, „er solle sich nicht um Gerechtigkeit scheren"[172]. Im Gegensatz zu heute, seien die führenden Denker Griechenlands über das, was Kallikles[173] an illegitimen Machtphantasien formuliert hatte, indigniert gewesen[174].

Messe man den Wirkradius der heute grassierenden Herrschaftsverherrlichung aus, so komme man kaum um die Einsicht herum, daß diese in den „Bankrott einer Geistestradition"[175] mündete, die „sich von Platon bis Kant ... jenseits des Wandels"[176] bewährt hat. Indem sich die modernen Kratologen der abendländischen Ethikkonzeption verweigern, indem sie „die Verehrung des Kontingenten und die Verachtung des Ewigwährenden"[177] propagieren, haben sie Europa nicht nur in eine Werte-, sondern auch in eine Sinnkrise gestürzt[178].

---

166 *Julien Benda*: Der Verrat der Intellektuellen, S. 155.

167 Ebenda

168 Ebenda.

169 Ebenda S. 169.

170 Ebenda. Vgl. dazu *Charles Maurras*: Trois idées politiques, Paris 1912, S. 54.

171 Ebenda S. 153.

172 Ebenda.

173 Kallikles zufolge gibt die Natur zu erkennen, „daß es gerecht ist, wenn der ... Fähigere gegen den Unfähigeren im Vorteil ist" (Platon: Gorgias, in: Sämtliche Dialoge, Bd. I, hrsg. v. *Otto Apelt*, Hamburg 1998, S. 91). Aus diesem Grunde sollte der „Besitz der Schlechteren und Schwächeren dem Besseren und Stärkeren gehören" (ebenda S. 92).

174 *Julien Benda*: Der Verrat der Intellektuellen, S. 121.

175 Ebenda S. 151.

176 Ebenda.

177 Ebenda S. 150.

178 Ebenda.

Will man ein besonders abschreckendes Bild einer Weltanschauung zeichnen, das der abendländischen Tradition an der Wurzel fremd ist, so muß die Rede auf den Sozialdarwinismus[179] kommen. Die Anwälte dieser evolutionistischen Doktrin[180] begreifen die Gesellschaft als einen Wirkmechanismus, in dem sich Auslese und Fortschritt wechselseitig bedingen und in eine fruchtbare Spannung versetzen. Es war nicht zuletzt Benjamin Kidd, der diesem Leitgedanken beredten Ausdruck verlieh. „Where there is progress, there must inevitably be selection, and selection must in its turn involve competition of some kind“[181]. Ehe man die unbestreitbaren Fakten unter dem Rubrum Unmenschlichkeit abbuche, müsse erkannt sein, daß die Natur sich in diesem wenig karitativen Gewande präsentiere. „The law of life has been always the same from the beginning, – ceaseless and inevitable struggle and competition, ceaseless and inevitable selection and rejection“[182].

Auch im Oeuvre von Nietzsche artikuliert sich eine Gesellschaftsauffassung, die auf einen sozialdarwinistischen Ton gestimmt ist. Nach ihm muß „das Elend der mühsam lebenden Menschen ... noch gesteigert werden, um einer geringen Anzahl olympischer Menschen die Produktion der Kunstwelt zu ermöglichen“[183]. In diesem Sinne fordert er dazu auf, „die ungeheure Mehrzahl im Dienste einer Minderzahl, über das Maß der individuellen Bedürftigkeit hinaus, der Lebensnot sklavisch“[184] zu unterwerfen. Auf dieser Linie der Argumentation wagt sich Nietzsche zu der These vor, daß „solche Phänomene, wie die Würde des Menschen, die Würde der Arbeit“[185] als die „dürftigsten Erzeugnisse des vor sich selbst versteckenden Sklaventums“[186] anzusehen sind.

In wie starkem Maße die Repräsentanten des Sozialdarwinismus in den Kategorien brutalster Topoi dachten, geht aus den Schriften von Alexander Tille hervor. Ihm zufolge wird der Blick für die notwendigen Auslesemechanismen verstellt, wenn man die angeblich beklagenswerten Zustände in den Elendsvierteln Londons kritisiere. Der soziale Selektionsprozeß und der mit ihm einher

---

[179] Vgl. dazu *D. C. Somervell*: Geistige Strömungen in England im 19. Jahrhundert. Aus dem Englischen, Bern 1946, S. 188 ff.; *Johann Baptist Müller*: Sozialdarwinismus, in: Historisches Wörterbuch der Philosophie, Bd. IX, hrsg. v. *Joachim Ritter/Karlfried Gründer*, Basel 1995, S. 1127 ff.

[180] Vgl. dazu *Robert Spaemann*: Sein und Gewordensein. Was erklärt die Evolutionstheorie?, in: Philosophische Essays, Stuttgart 1994, S. 185 ff. In seinem Roman „Tancred“ hat Benjamin Disraeli den Evolutionismus meisterhaft karikiert.

[181] *Benjamin Kidd*: Social Evolution. Neue Ausgabe, New York/London 1894, S. 35.

[182] Ebenda S. 34.

[183] *Friedrich Nietzsche*: Der griechische Staat, in: Werke, Bd. III, S. 278.

[184] Ebenda S. 277.

[185] Ebenda S. 276.

[186] Ebenda.

gehende gesellschaftliche Fortschritt lassen es als ein positiv zu bewertendes Faktum erscheinen, wenn in Ostlondon „die Sterblichkeit ... das Anderthalbfache derjenigen des übrigen London und die Zahl der Todesfälle nahezu das Doppelte der Geburten“[187] betrage. In Tilles Perspektive mutieren die Illusionen derjenigen, die diese Zustände ändern wollen, zu gesellschaftswidrigen Ambitionen. Schließlich sei es den segensreichen Gesetzen der Natur zu verdanken, daß sie „mit unerbittlicher Strenge ... die zum Thier und unter das Thier herabgesunkenen Menschen aus den Reihen der anderen“[188] ausscheidet.

Auf einen ähnlich menschenverachtenden Ton ist auch das gestimmt, was John B. Haycraft als sein Bekenntnis zum Sozialdarwinismus formulierte. Auch er benötigt den Topos der überflüssigen Kranken und Schwachen, um seinen selektiven Evolutionismus zur Konstanten seines Denkens zu machen. In verblüffender Übereinstimmung mit Tille hält er dafür, daß den Mühseligen und Beladenen kein Daseinsrecht zugestanden werden könne. Dabei ist es der Schwindsuchtserreger, der in seinem sozialdarwinistischen Denken den notwendigen Selektionsprozeß bewirkt. „Es mag hart klingen, es ist aber deshalb nicht weniger wahr, daß der Tuberkelbacillus ein Freund unserer Rasse ist, denn er wuchert in keinem gesunden Manne oder Weibe, sondern nur in schwächlichen Personen“[189]. Diesem sei es zu verdanken, daß er einen Personenkreis infiziert, den man vor allem „unter den Armen, Schlechtgenährten und ungünstig Gestellten“[190] findet. Dabei wendet sich Haycraft gegen jegliche sozialpolitische Maßnahme. Sie führe dazu, das Leben der von der Natur zum Untergang Verurteilten zu erhalten. Die von der „organisierten Wohltätigkeit“[191] unterstützten Personen, hätten unter normalen Umständen „weder genug psychische noch geistige Kraft, sich selbst zu erhalten“[192].

Das manichäische Gesellschaftsbild des Sozialdarwinismus schließt bei einigen seiner Vertreter auch den Gedanken nicht aus, dem natürlichen Selektionsprozeß durch aktive Maßnahmen nachzuhelfen. Dabei wird selbst der schiere Mord als probates Mittel angesehen. Energisch im argumentativen Zugriff und eindeutig in der Position unterbreitete Alexis Carrel den Vorschlag, mit den „zahllosen Minderwertigen und verbrecherisch Veranlagten“[193] in „humaner

[187] *Alexander Tille*: Ostlondon als Nationalheilstatt, in: Die Zukunft 5 (1893), S. 273.

[188] Ebenda.

[189] *John B. Haycraft*: Natürliche Auslese und Rassenverbesserung. Aus dem Englischen, Leipzig 1895, S. 68.

[190] Ebenda.

[191] Ebenda S. 199.

[192] Ebenda.

[193] *Alexis Carrel*: Der Mensch, das unbekannte Wesen. Aus dem Amerikanischen, Stuttgart/Berlin o. J. (1936), S. 317.

und wirtschaftlicher Weise Schluß"[194] zu machen. Gegen die angeblich überzogenen Hoffnungen der sogenannten „Humanitätsduselei" wird das klare Bekenntnis zur Ausrottung gesetzt. „Die ideale Lösung wäre es, wenn jedes derartige Individuum ausgemerzt würde"[195]. Auch was die Methode seiner Problembereinigungsabsicht anlangt, ist Carrel keineswegs zimperlich. Er unterbreitet nämlich einen Vorschlag, der dann einige Jahre später bei der sogenannten „Endlösung" traurige Berühmtheit erlangen sollte. Ohne jegliche moralische Skrupel plädierte er für die Errichtung von „Anstalten für schmerzlose Tötungen"[196], in denen „die dazu geeigneten Gase"[197] in Anwendung gebracht werden.

Dabei war Alexis Carrel keineswegs der einzige Sozialdarwinist, der sich in derartigen Tötungsphantasien erging. Auch D. H. Lawrence, der als der „wichtigste Nietzsche-Jünger in England"[198] gilt, dachte in den gleichen Denkbahnen. „If I had my way, I would build a lethal chamber as big as the Crystal Palace, with a military band playing softly, and a cinematograph working brightly; then I'd go out in the back streets and main streets and bring them in, all the sick, the halt, and the maimed; I would lead them gently, and they would smile me a weary thanks; and the band would softly bubble out the ‚Halleluja Chorus'"[199].

Zur Eigenart einiger sozialdarwinistischer Denker gehört es auch, die Eltern behinderter Kinder in die moralische Pflicht zu nehmen. Ihnen sei der Vorwurf zu machen, sie überhaupt in die Welt gesetzt zu haben. Da dem Sozialisten Karl Kautsky[200] zufolge die „Rassenhygiene ... eine soziale Pflicht"[201] ist, komme

[194] Ebenda S. 318.

[195] Ebenda S. 318.

[196] Ebenda.

[197] Ebenda.

[198] *John Carey*: Haß auf die Massen. Intellektuelle 1880–1939. Aus dem Englischen, Göttingen 1996, S. 96.

[199] *D. H. Lawrence*: Letter to Blanche Jennings. 9. October 1908, in: The Collected Letters of D. H. Lawrence, Bd. I, hrsg. v. *Harry T. Moore*, London/Melbourne/Toronto 1962, S. 30. Dabei verhinderte vor allem sein chtonisches Lebensgefühl, daß sich ethische Skrupel in sein Bewußtsein schoben. „My great religion is the belief in the blood, the flesh, as being wiser than the intellect. We can go wrong in our minds. But what our blood feels and believes and says, is always true" (Letter to Ernest Collings. 17. January 1913, in: The Letters of D. H. Lawrence, Bd. I, hrsg. v. *James T. Boulton*, Cambridge 1979, S. 503).

[200] Sozialdarwinistische Gedankengänge finden sich bei nicht wenigen Sozialisten. Vgl. dazu *Arnold Dodel* (Aus Leben und Wissenschaft, Stuttgart [3]1909), *Enrico Ferri* (Sozialismus und Wissenschaft. Aus dem Italienischen, Leipzig 1896) und *George Bernard Shaw* (Mensch und Übermensch. Aus dem Englischen, Berlin [5/6]1921). Auch im Sowjetmarxismus wurde dem Sozialdarwinismus Reverenz erwiesen. So sprach sich Leo Trotzki für die Schaffung eines „Übermenschen" aus (Literatur und Revolution. Aus dem Russischen, München 1972, S. 166). Er votierte dafür, daß „das Menschengeschlecht ... radikal umgearbeitet und ... zum Objekt kompliziertester Methoden der künstlichen Auslese und des psycho-physischen Trainings" (ebd. S. 211) wird.

man kaum darum herum, die Väter und Mütter dieser Kinder der sozialen Ächtung anheim zu geben. Das gilt vor allem auch für die Zukunftsgesellschaft. Wenn in ihr „noch kranke Kinder in die Welt kommen, wird ihr Siechtum nicht mehr als Schuld der sozialen Verhältnisse, sondern einzig und allein als persönliche Schuld der Eltern erscheinen“[202]. Letzten Endes gibt sich in seinen Augen „die Fortpflanzung eines siechen Körpers“[203] als ein zu sanktionierendes Delikt zu erkennen.

Daß das Modell einer Sozialordnung, das seinen Sinn aus dem Gedanken der Auslese erhält, der abendländischen Ethik[204] widerspricht, wurde nicht zuletzt von Rainer Maria Rilke thematisiert. In einer Kurzgeschichte läßt er eine Gestalt auftreten, die sich als rigoroser Gegner der christlichen Mitleidsethik geriert. „Der, den sie als Messias preisen, hat die ganze Welt zum Siechhaus gemacht. Die Schwachen, Elenden, Hinfälligen nennt er seine Kinder und Lieblinge. Und die Starken, die sind dazu da, diese kraftlose Brut zu schützen, zu besorgen, zu bedienen“[205]. Als Jesus zu den Menschen kam, glaubte er „in seinem lächerlich kindischen Edelmut ... ihnen ein Gutes zu tun“[206]. In Wirklichkeit ist es ihm gelungen, die Erdenbürger wider ihre eigene Natur zu domistizieren. „Christus, was hast du getan! Mir ist, man hat uns aufgezogen wie jene Raubtiere, denen man ihren innersten Trieb mit berechnender Klugheit genommen, damit man, wenn sie zahm geworden, ungestraft mit Knuten auf sie einhauen kann“[207]. Auf diese Weise wurde ihre Höherentwicklung verhindert. Der „Weihrauch des Mitleids“[208] inhibierte, daß ein innerweltliches „Reich auf ... den Leichen der Kranken, der Schwachen, der Krüppel“[209] errichtet werden konnte. Dabei läßt Rilke keinerlei Zweifel darüber aufkommen, um wen es sich bei dieser das Ethos des Christentums radikal negierenden Figur handelt. „Es war, als ob ein Lichtschein sie umrahme“[210]. Was Wunder, wenn „ein katholi-

---

[201] *Karl Kautsky*: Vermehrung und Entwicklung in Natur und Gesellschaft, Stuttgart 1910, S. 266.

[202] Ebenda.

[203] Ebenda.

[204] Der Sozialdarwinismus wurde vor allem auch von katholischen Gelehrten kritisiert. Vgl. dazu *Victor Cathrein S. J.*: Die Sittenlehre des Darwinismus, Freiburg im Breisgau 1885.

[205] *Rainer Maria Rilke*: Die Apostel, in: Erzählungen und Skizzen aus der Frühzeit, Leipzig 1928, S. 352f.

[206] Ebenda S. 350.

[207] Ebenda S. 351.

[208] Ebenda S. 353.

[209] Ebenda S. 355.

[210] Ebenda.

scher Priester ... mit der linken Hand nach seiner Halsbinde"[211], griff, als „wäre sie ihm plötzlich zu enge geworden"[212].

In wie starkem Maße der Sozialdarwinismus als ein Bruch mit der okzidentalen Wertetradition anzusehen ist, darauf haben auch seine Repräsentanten selber hingewiesen. Ihnen ist es darum zu tun, eine Ordnungsvorstellung zu präsentieren, die sich von allen christlichen ‚Verbrämungen' befreit hat. Ohne jegliche Einschränkung gibt Thomas Huxley zu Protokoll, daß die „Ausübung des sittlich Guten ... eine Lebensführung"[213] einschließt, die „nach jeder Richtung hin das Gegenteil von dem ist, was im Kampf ums Dasein in der Natur zum Siege führt"[214]. Seiner Auffassung nach können die beiden Handlungsbereiche nicht gegensätzlicher sein. Die überkommene Ethik verlange „anstelle unbarmherziger Selbstsucht ... Selbstbeherrschung, anstelle des Beiseiteschiebens oder Niedertretens aller Mitbewerber ... nicht nur Rücksichtnahme auf seine Mitmenschen, sondern sogar Hilfestellung für sie"[215]. Dabei sei die christliche Ethik weniger „auf das Überleben der Tauglichsten als darauf"[216] aus, „so viele wie möglich zum Überleben tauglich zu machen"[217]. Huxley zufolge schließt sich jede Überlegung über das richtige Verhalten dann auf, wenn man sich der Logik des historischen Entwicklungsprozesses versichert. In seinem Horizonte erweist sich die Natur weniger als „Tugendschule"[218], sondern als das „Hauptquartier des Feindes der sittlichen Natur"[219]. Diejenigen, die sich im christlichen Sinne dem Ideal der Versittlichung der Gesellschaft verschrieben haben, übersehen, daß der unaufhaltsame Auslese- und Entwicklungsprozeß alle moralischen Vorstellungen der abendländischen Ethik sabotiert. „Überdies ist das Stück Natur, das uns angeboren und in weitem Maße zu unserer Selbsterhaltung nötig ist, das Ergebnis von Millionen von Jahren harter Zucht, und es wäre Torheit zu glauben, ein paar Jahrhunderte würden genügen, um seine Herrschaft rein sittlichen Zwecken zu unterwerfen"[220]. Aus diesem Grunde seien „der Dieb und der Mörder ... in ihrem Thun der Natur sogut wie der Menschenfreund"[221].

---

[211] Ebenda S. 351.

[212] Ebenda.

[213] *Thomas H. Huxley*: Ethik und Entwicklung, in: Soziale Essays. Aus dem Englischen. Mit einer Einleitung von Alexander Tille, Weimar 1897, S. 286.

[214] Ebenda.

[215] Ebenda.

[216] Ebenda.

[217] Ebenda.

[218] Ebenda S. 281.

[219] Ebenda. Vgl. dazu auch *Ernest Barker*: Political Thought in England 1848 to 1914, London / New York / Toronto [2]1954, S. 115 f.

[220] Ebenda S. 288.

[221] Ebenda S. 284.

Auch für Nietzsche besteht die Insuffzienz der christlichen Ethik darin, den Geboten des Lebenskampfes keinerlei Reverenz zu erweisen. Aus diesem Grunde rief der Denker von Sils Maria den Menschen zu, „der Erde treu“[222] zu bleiben. Früher habe man sich gegen Gott vergangen, heute sei die Nichtachtung der Natur als sündhafte Tat zu begreifen. „Einst war der Frevel an Gott der größte Frevel, aber Gott starb, und damit sterben auch diese Frevelhaften. An der Erde zu freveln ist jetzt das Furchtbarste und die Eingeweide des Unerforschlichen höher zu halten, als der Sinn der Erde“[223]. Das Diesseits wird nun in so starkem Maße zur Richtschnur des menschlichen Handelns, daß es endlich an der Zeit ist, sich vom überkommenen „alten Wahn, der Gut Böse“[224] heißt, zu lösen. Demonstrativ verläßt Nietzsche den Richterstuhl der abendländischen Werteethik, wenn er dafür votiert, diese als Phantasieprodukt Zukurzgekommener zu denunzieren.

Es verrate ein höchst borniertes Ethikverständnis, wenn man die moralische Haltung der Starken zugunsten der Schwachen austausche. Hinter der „Macht... der moralischen Werte“[225] sind für Nietzsche „drei Mächte versteckt“[226]. Zunächst mache sich der illegitime „Instinkt der Herde gegen die Starken und Unabhängigen“[227] geltend. Dazu geselle sich der „Instinkt der Leidenden und Schlechtweggekommenen gegen die Glücklichen“[228]. Zu guter Letzt artikulierte sich auch „der Instinkt der Mittelmäßigen gegen die Ausnahmen“[229].

Bevor man den Sozialdarwinismus als die Ideologie eines weltfremden und einflußlosen Gelehrtentums abbucht, muß nach Theodor Steinbüchel erkannt sein, daß er sich als Leitidee der bürgerlichen Wirtschafts- und Sozialordnung zu erkennen gibt. Will man sinnvolle Erkenntnislinien in diese Sozietät ziehen, müsse er „als der Motor ... des geistigen Daseins“[230] dieser Ordnung begriffen werden. Alle Formen „ihres Ethos und ihrer Kultur“[231] waren von ihm bestimmt. Auf seinen Ton seien auch die Topoi der „sogenannten klassischen Nationalökonomie“[232] gestimmt gewesen. Dabei hat Steinbüchel bei der Bewertung der Wirkkraft dieser Ordnungsvorstellung allerdings aus dem Blick gelassen, daß sowohl die von liberalen als auch von konservativen Regimen inaugu-

---

222 *Friedrich Nietzsche*: Also sprach Zarathustra, in: Werke Bd. II, S. 280.

223 Ebenda.

224 Ebenda.

225 *Friedrich Nietzsche*: Aus dem Nachlaß der achtziger Jahre, in: Werke Bd. III, S. 519.

226 Ebenda.

227 Ebenda.

228 Ebenda.

229 Ebenda.

230 *Theodor Steinbüchel*: Christliches Mittelalter S. 88.

231 Ebenda.

232 Ebenda.

rierte Sozialpolitik kaum unter das Rubrum dieser Ideologie gezwängt werden kann.[233] Alexander Tilles Kampf gegen die katholische Arbeiterbewegung spricht eine ganz andere Sprache.[234] Er zeugt keineswegs von der Einflußlosigkeit dieser sozialen und politischen Strömung.

3. Die Klassentheorie des Marxismus und die Rassenideologie des Nationalsozialismus

Auf eine großangelegte Offensive gegen die überkommenen okzidentalen Werte haben sich auch die totalitären Bewegungen des 20. Jahrhunderts begeben. Durch sie werden die moralischen Prinzipien entweder in den Dienst der proletarischen oder der rassischen Ordnungsidee gestellt. Heinrich Rommen weist darauf hin, daß ihr „intellektueller Nihilismus“[235] allen „universalen Ideen und moralischen objektiven Werte“[236] von Grund auf widerspreche.

Was den Marxismus anlangt, so wirft Julien Benda seinem Gründer und seinen Schülern vor, „das Universelle herabzuwürdigen“[237]. Für Johan Huizinga wird in dieser Denkschule „das sittliche Ideal ... dem gesellschaftlichen Ideal untergeordnet“[238] und einer „Relativierung der Moral“[239] das Wort geredet.

In dieser Lehre ist die okzidentale Ethik schon deswegen ein Fremdkörper, weil sie nicht in deren Doktrin vom Verhältnis zwischen dem ökonomischen Unterbau und dem ideologischen Überbau eingefügt werden kann. Wenn Marx zufolge die „Produktionsweise des materiellen Lebens ... den sozialen, politischen und geistigen Lebensprozeß“[240] bedingt, wenn die „reale Basis“[241] in ih-

---

[233] Vgl. dazu *Heinrich Herkner*: Die Arbeiterfrage. Bde. I–II. Berlin [6]1916.

[234] *Alexander Tille*: Der soziale Ultramontanismus und seine „Katholischen Arbeitervereine“, Berlin 1905.

[235] *Heinrich Rommen*: Die ewige Wiederkehr des Naturrechts, München [2]1947, S. 159.

[236] Ebenda.

[237] *Julien Benda*: Der Verrat der Intellektuellen, S. 144.

[238] *Johan Huizinga*: Im Schatten von morgen, S. 108.

[239] Ebenda S. 107. Theodor Steinbüchel macht darauf aufmerksam, daß Marx, der seine Lehre im Widerspruch zur bürgerlichen Gesellschaftstheorie entwickelte, dieser gleichwohl in erheblichem Umfange verpflichtet war. Er habe einerseits die „Ideologie des kapitalistischen Bürgertums“ (Christliches Mittelalter S. 90) entlarvt, in gleichem Atemzuge jedoch nur das formuliert, „was er an Zielsetzung dem geistigen Leben des Menschen ... seines Jahrhunderts entnehmen konnte“ (ebenda). So sei er beispielsweise wie die kapitalistische Welt dem „atheistischen Positivismus“ (ebenda) zutiefst verpflichtet gewesen.

[240] *Karl Marx*: „Zur Kritik der Politischen Ökonomie“. Vorwort. In: Karl Marx und Friedrich Engels: Ausgewählte Schriften in zwei Bänden, Bd. I, Berlin 1951, S. 338.

rem Überbau „bestimmte gesellschaftliche Bewußtseinsformen"[242] hervorbringt, dann wird einer Ethikkonzeption der Todesstoß versetzt, die das Reich des Sittlichen als eine von der Wirtschaftsform unabhängige Größe ansieht. In gleicher Weise wird die Autonomie des Ethischen gegenüber dem Ökonomischen negiert, wenn Marx davon ausgeht, daß Revolutionen zu einer völlig neuen Überbaustruktur führen. Schließlich wälzt sich „mit der Veränderung der ökonomischen Grundlage ... der ganze ungeheure Überbau langsamer oder rascher um"[243].

In welche Untiefen der Argumentation man gelangen kann, wenn das Geistesleben aus der Perspektive der Ökonomie heraus interpretiert wird, dafür hat Friedrich Engels ein besonders fragwürdiges Beispiel geliefert. Ohne irgendwelche Argumentationsnöte hält er nämlich dafür, daß in England „die Ausbreitung des ... Salatöls ... von einer ... Ausbreitung des kontinentalen Skeptizismus in religiösen Dingen"[244] begleitet war.

Marxens ethischer Relativismus kommt auch zum Ausdruck, wenn er das Loblied auf die Produktivität des Verbrechers singt. Seine Besinnung darauf, welch positive Auswirkungen seine ‚Arbeit' auf die Gesellschaft hat, läßt eine Einstellung zu Worte kommen, die im wahrsten Sinne des Wortes jenseits von Gut und Böse angesiedelt ist. „Der Verbrecher produziert nicht nur Verbrechen, sondern auch das Kriminalrecht und damit auch den Professor, der Vorlesungen über Kriminalrecht hält, und zudem das unvermeidliche Kompendium, worin dieser selbe Professor seine Vorträge als ‚Ware' auf den allgemeinen Markt wirft"[245]. Darüber hinaus dürfe auch nicht übersehen werden, daß „die Tortur ... zu den sinnreichsten mechanischen Erfindungen Anlaß gegeben"[246] hat. Dabei

---

241 Ebenda.

242 Ebenda. Dieser Ökonomismus ist auch der bürgerlichen Gesellschaftslehre nicht fremd. In seinem Denkhorizont argumentiert beispielsweise der Amerikaner Freeman Hunt: „What has Commerce done for the World, that its history should be explored, philosophy illustrated, its claim advanced among the influences which impel civilization?" (Worth and Wealth. New York 1857, S. 343). Es gibt kaum eine zivilisatorische Großtat, die sich nicht dem Handel verdankt. „It unites distant branches of the human interest, cultivates the relation between them, encourages an interest in each other, and promotes that brotherly feeling which is the strongest guarantee of permanent friendship" (ebenda S. 344). Letzten Endes könne kein vernünftiger Mensch leugnen, in wie starkem Maße „the sons of commerce ... advance the cause of Humanity and Peace" (ebenda).

243 Ebenda.

244 *Friedrich Engels*: Die Entwicklung des Sozialismus von der Utopie zur Wissenschaft. In: Karl Marx und Friedrich Engels. Ausgewählte Schriften in zwei Bänden, Bd. II, Berlin 1952, S. 89.

245 *Karl Marx*: Apologetische Auffassung von der Produktion aller Berufe, in: Theorien über den Mehrwert (Vierter Band des ‚Kapitals'). Erster Teil, Berlin 1956, S. 351.

246 Ebenda.

seien vor allem bei der „Produktion ihrer Werkzeuge eine Masse ehrsamer Handwerksleute beschäftigt“[247]. Kein vernünftiger Wirtschaftsexperte könne in Abrede stellen, daß es auf diese Weise zu einer wünschenswerten „Vermehrung des Nationalreichtums“[248] kommt. Man mißverstehe die gesetzeswidrigen Handlungen des Verbrechers auch gründlich, wenn man übersehe, daß er einen entscheidenden Beitrag zur Überwindung der „Monotonie ... des bürgerlichen Lebens“[249] leistet. Um seiner Verteidigung ein Höchstmaß an Legitimität abzugewinnen, gibt Marx sich als gelehriger Schüler Bernard de Mandevilles zu erkennen. Ihm komme das Verdienst zu, „unendlich kühner und ehrlicher als die philisterhaften Apologeten der bürgerlichen Gesellschaft“[250] gedacht zu haben. Schließlich sei der „Baum der Sünde ... zugleich der Baum der Erkenntnis seit Adams Zeiten her“[251] gewesen.

Die Notion einer unterbauunabhängigen Ethik wird auch von Lenin ins Reich des geschichtlich überholten und deshalb illegitimen Denkens verwiesen. Sie erscheint bei ihm als das Sinnbild einer überwundenen Epoche. Ihm zufolge ist jegliche moralische Reflexion im Horizonte des Klassenkampfgedankens anzusiedeln. „Jede ... Sittlichkeit, die von einem übernatürlichen, klassenlosen Begriff abgeleitet wird, lehnen wir ab“[252]. Derjenige, der diese Sichtweise negiert, will die wahren Machtverhältnisse verschleiern. „Wir sagen, daß das ein Betrug ist, daß das ein Schwindel ist, um die Hirne der Arbeiter und Bauern im Interesse der Gutsbesitzer und Kapitalisten zu verkleistern“[253]. Aus diesem Grunde ist die kommunistische Sittlichkeit „völlig den Interessen des proletarischen Klassenkampfes untergeordnet“[254]. In Lenins Denksystem hat natürlich auch diejenige Tugendlehre kein Heimatrecht, die die „Sittlichkeit aus Gottes Geboten“[255] ableitet. Schließlich sei jeder Anwalt des Kommunismus davon überzeugt, „daß im Namen Gottes die Geistlichkeit redete, die Gutsbesitzer und die Bourgeoisie redeten, um ihre Ausbeuterinteressen durchzusetzen“[256].

Auch Leo Trotzki, der wie Lenin im ideologischen Kielwasser von Marx über die Begründung ethischer Normen nachdenkt, verwirft die Notion einer

---

[247] Ebenda.

[248] Ebenda.

[249] Ebenda.

[250] Ebenda.

[251] Ebenda. Vgl. dazu *Bernard de Mandeville*: The Fable of the Bees, hrsg. v. *Philip Harth*, Harmondsworth, Middlesex 1989, S. 370.

[252] *Lenin*: Die Aufgaben der Jugendverbände, in: Ausgewählte Werke. Aus dem Russischen, Bindlach 1987, S. 615.

[253] Ebenda.

[254] Ebenda.

[255] Ebenda.

[256] Ebenda.

über den Klassen stehenden moralischen Verpflichtung. Wolle man sinnvolle Erkenntnislinien in das Dickicht dieser Problematik legen, so müsse davon ausgegangen werden, daß die in der bürgerlichen Gesellschaft „,bindenden' Moralvorschriften ... in Wirklichkeit Klasseninhalt"[257] besitzen. Aus diesem Grunde „werden die konkreten Vorschriften des bürgerlichen Katechismus hinter moralischen Abstraktionen versteckt, die dem Patronat von Religion, Philosophie oder ... jenem Bastard, den man ‚gesunden Menschenverstand' nennt[258] untersteht. Wenn sich das Bürgertum auf ein angeblich objektiv gültiges Wertereich beruft, so ist dies von ihrem Interesse diktiert, das Proletariat auszubeuten und zu unterdrücken. „Der Appell an abstrakte Normen ist kein uneigennütziger philosophischer Fehler, sondern ein notwendiges Element in der Mechanik des Klassenbetruges"[259]. Was Wunder, wenn Trotzki seine Anhänger dazu aufruft, sich den Imperativen der historischen Entwicklung zu beugen und ihnen „ihre Moralkriterien"[260] unterzuordnen.

Aus einer ausgesprochen hoffnungsorientierten Sichtweise heraus konstatiert Alexandra Kollontai im Jahre 1925, daß das überholte ethische Webmuster der vorkommunistischen Zeit einer neuen Werteordnung weicht. Ihrer Auffassung zufolge sind heute „viele Lebensgewohnheiten, Ideen und Moralgesetze ... entweder schon ganz verschwunden oder aber in einem Zustand der allgemeinen Auflösung"[261] begriffen. Die siegreiche Oktoberrevolution habe der alten Ethik den Garaus gemacht. „Unter dem Donner der Kanonen, die unsere revolutionäre Arbeiterrepublik an zahlreichen Fronten verteidigten, zerfielen die Traditionen der tödlich getroffenen bürgerlichen Welt"[262]. Die neuen ökonomischen Verhältnisse hätten es ermöglicht, die Schaffung „neuer Sitten, einer neuen Moral"[263], in Angriff zu nehmen.

Die Bereitschaft, die Unterscheidung zwischen Gut und Böse im revolutionären Prozeß verschwinden zu lassen, stieß allerdings nicht bei allen Kommunisten auf offene Ohren. So verwahrte sich Ilona Duczynska vehement dagegen, jegliche ethische Überlegung auf dem Altar des Klassenkampfes zu opfern. Sie warf ihren Parteifreunden vor, sich einer „Glorifizierung des Bösen"[264]

[257] *Leo Trotzki*: Ihre Moral und unsere. Aus dem Russischen, Mainz 1972, S. 10.

[258] Ebenda S. 11.

[259] Ebenda.

[260] Ebenda S. 35.

[261] *Alexandra Kollontai*: Die Situation der Frau in der gesellschaftlichen Entwicklung. Aus dem Schwedischen, hrsg. v. *Tilman Fichter*, Frankfurt am Main 1975, S. 10.

[262] Ebenda.

[263] Ebenda.

[264] *Ilona Duczynska*: Zum Zerfall der K. P. U., in: Unser Weg. Zeitschrift für kommunistische Politik 4 (1922), S. 99.

verschrieben zu haben, der moralischen Indifferenz das Wort zu reden. „Auf die Frage, ob denn Lüge und Betrug von seiten der Führer gegenüber den Parteimitgliedern gerechtfertigt wären, gab mir ein repräsentativer Theoretiker und ohne Zweifel fast ausschließlich geistiger Leiter der KPU in einer entscheidenden Situation zur Antwort, die kommunistische Ethik setzte uns als höchste Pflicht, das Böse auf uns zu nehmen. Das sei das größte Opfer, das die Revolution von uns erfordere"[265]. Auf diese Weise avanciert „die Dialektik des Bösen... zur Quelle der bösesten Dialektik"[266].

Diese Kritik an der kommunistischen Ethikkonzeption schlug allerdings Bert Brecht großzügig in den Wind[267]. In das Grundmuster seines Denkens setzte er eine Morallehre, die auch die Pflicht umfaßt, einem Parteiabweichler nach dem Leben zu trachten. Nicht anders kann das interpretiert werden, was er in seinem Theaterstück „Die Maßnahme" verkündet. Er läßt nämlich die einen Mord auf dem Gewissen habenden Genossen sagen: „Dann erschossen wir ihn und warfen ihn hinab in die Kalkgrube. Und als der Kalk ihn verschlungen hatte, kehrten wir zurück zu unserer Arbeit"[268]. Konstituens seiner Auffassung ist es, daß alles erlaubt ist, was die Menschheit einer lichteren Zukunft entgegenbringt. „Einzig mit dem unbeugbaren Willen, die Welt zu verändern, begründeten wir die Maßnahme"[269]. Demjenigen, der dabei moralische Skrupel in sich aufsteigen spürt, redet der sogenannte Kontrollchor ins Gewissen. „Und eure Arbeit war glücklich. Ihr habt verbreitet die Lehre der Klassiker. Das ABC des Kommunismus. Wir sind einverstanden mit euch"[270].

Wer dem Vorurteil erliegen sollte, daß es sich bei diesem Votum Brechts für den politischen Mord um einen einmaligen moralischen Ausrutscher handelt,

---

[265] Ebenda.

[266] Ebenda.

[267] Walter Benjamin zufolge läßt sich das revolutionäre Rußland nur begreifen und verstehen, wenn man es mit kommunistischen Kategorien beurteilt. „Im Grunde freilich ist die einzige Gewähr der richtigen Einsicht, Stellung gewählt zu haben, ehe man kommt" (Moskau, in: Die Kreatur 2 (1927/28), S. 71). Letzten Endes könne in „Rußland nur der Entschiedene" (ebenda) richtig sehen.

[268] *Bert Brecht*: Die Maßnahme. Lehrstück. Fassung 1931, in: Werke Bd. III, Weimar und Frankfurt am Main 1988, S. 97 f.

[269] Ebenda S. 97.

[270] Ebenda S. 98. Während bei Brecht die Parteiposition jegliche menschliche Regung sabotiert, vermochte sich Ernst Toller mit diesem Rigorismus nicht anzufreunden. Er sprengt die bei Brecht geheiligte Einheit von Parteidisziplin und kommunistischer Moral. „Die einen morden für ein Land, die anderen für die Länder alle. Die einen morden für tausend Menschen, die anderen für Millionen. Wer für den Staat gemordet, nennt ihr Henker. Wer für die Menschheit mordet, den bekränzt ihr, nennt ihn gütig, sittlich, edel, groß" (Masse Mensch, in: Gesammelte Werke. Bd. II, hrsg. v. *John M. Spalik/Wolfgang Frühwald*, München 1978, S. 108).

dem sei empfohlen, die Haltung Sartres zu diesem Problem in den Blick zu nehmen. Bei ihm kommt eine Sichtweise zu Wort, die die Tötung des politischen Gegners ebenfalls legitimiert. Er schreibt nämlich: „Wenn der letzte Kolonialherr getötet, davongejagt oder assimiliert ist, wird die Art der Minderheit verschwinden und der sozialistischen Brüderlichkeit Platz machen“[271]. Gegen die überzogenen Argumente derjenigen, denen diese politische Einstellung als amoralisch erscheint, empfehle sich das kaum zu widerlegende Argument, daß, wenn man einen Europäer erschlägt, gleichzeitig einen „Unterdrücker aus der Welt“[272] befördert. Hannah Arendt ist der Ansicht, daß Karl Marx diese Sätze Sartres nie geschrieben hätte[273].

Für Herbert Marcuse ist eine derartige Mordverniedlichung die Konsequenz eines Denkens, das seinen Gegenstand aus allen moralischen Bezügen löst. Es zerstöre mit seinem rigiden Revolutionspathos auch noch die letzten Reste „absoluter Sittlichkeit“[274]. Die seiner Perspektive angemessene Form der Ethikreflexion verbiete jegliche „Aufopferung um künftiger Freiheit und künftigen Glücks willen“[275]. Indem er die verengten ethischen Kategorien des Sowjetmarxismus ablehnt, kommt er zu einer Verurteilung aller Formen seines politischen Terrors. „Nicht zu rechtfertigen, auch nicht im Sinne der Revolution, sind die Moskauer Prozesse, der permanente Terror, die Konzentrationslager und die Diktatur der Partei über die arbeitenden Klassen“[276].

Auch wenn sich in allen Abhandlungen marxistischer Autoren der einheitliche Anspruch artikuliert, der bürgerlichen Kultur ethisch destruktive Tendenzen nachzuweisen, so sind viele von ihnen jedoch keineswegs bereit, sich in ihrem Privatleben von den moralischen Werten des Bürgertums zu trennen. So bleibt die Erziehungsperspektive Karl Liebknechts auf diejenigen edukativen Werte ausgerichtet, die in der von ihm bekämpften bürgerlichen Klasse Gültigkeit besitzen. So schreibt er in einem Brief vom 21. September 1915: „Liebste herzige Kinder! ... Seid brav, fleißig, tapfer, unverzagt“[277]. Und in einem Schreiben an seinen Sohn Robert vom 2. September 1917 fordert er diesen auf, „keinen Radau“[278] zu machen, das „Balgen u. Keilen u. Verhauen“[279] zu vermeiden.

---

[271] *Jean Paul Sartre*: Vorwort zu Frantz Fanon: Die Verdammten dieser Erde. Aus dem Französischen, Reinbek bei Hamburg, 1969, S. 19.

[272] Ebenda S. 18.

[273] *Hannah Arendt*: Macht und Gewalt, S. 17.

[274] *Herbert Marcuse*: Ethik und Revolution, in: Kultur und Gesellschaft, Bd. II, Frankfurt am Main 1965, S. 143.

[275] Ebenda.

[276] Ebenda S. 145.

[277] *Karl Liebknecht*: Lebt wohl, Ihr lieben Kerlchen. Briefe an seine Kinder, hrsg. v. *Annelies Laschitza/Elke Keller*, Berlin 1992, S. 85.

[278] Ebenda S. 134.

Am 10.3.1918 warnt er ihn: „Du bist in einem kritischen Alter, mein Sohn, in dem Körper und Seele durchgärt werden; in dem manche gefährliche Verlokkungen auftauchen u. hervorschleichen, die um so verführerischer reizen, je gefährlicher sie sind. Ich erwarte u. weiß von meinem Böbbchen, daß er seinen Körper u. seine Seele rein erhalten wird, als ein Heiligtum, vorbehalten u. geweiht dem Großen und Schönen"[280].

Wenn die Regime zusammenbrechen, die die werterelativierende Ethik des Marxismus praktizierten, wird deutlich, in wie starkem Maße diese ihre Bürger seelisch geknebelt und verwüstet haben. Dann fällt ein klares und keineswegs überraschendes Licht auf die psychischen und moralischen Schäden, die der Kommunismus verursachte. Kardinal Ratzinger hat darauf aufmerksam gemacht, daß es gerade die „wachsten und lautersten Geister der befreiten Völker"[281] waren, „die von einer ungeheuren seelischen Verwahrlosung ..., die in den Jahren der geistigen Verbildung eingetreten sei"[282], sprachen. Dabei wiege die „Abstumpfung des moralischen Sinnes"[283] weit schwerer als „die wirtschaftlichen Schäden"[284].

In gleicher Weise hält auch Alexander Solschenizyn dafür, daß sich im russischen Kommunismus alles darum drehte, „die Persönlichkeit auf die primitivsten Schichten zu reduzieren"[285] und „alles zu vernichten, was den höheren, differenzierteren, ‚gottähnlichen Teil' der menschlichen Individualität ausmacht"[286].

Angesichts der desaströsen Auswirkungen des Sowjetkommunismus kommt Igor R. Schafarewitsch zu dem keineswegs überraschenden Ergebnis, daß dieser als augenfälliges Indiz des „menschlichen Strebens zur Selbstvernichtung"[287] aufzufassen ist. Für ihn ist der Todestrieb eine historische Wirkmacht.

Der Abschied von der abendländischen Gesittung ist auch beim Nationalsozialismus unübersehbar. Eine Ideologie, deren konstitutives Prinzip der Rassengedanke ist, wird sich kaum mit der christlichen Auffassung von der Gleichheit aller Menschen vor Gott in Übereinstimmung bringen lassen. Einer kaum ver-

---

279 Ebenda.

280 Ebenda S. 154.

281 *Joseph Kardinal Ratzinger*: Vom Wiederauffinden der Mitte. S. 272 ff.

282 Ebenda S. 273.

283 Ebenda.

284 Ebenda.

285 *Alexander Solschenizyn*: Eingehüllt in Wolken von falschen Lehren. Igor Schafarewitsch über die Widersprüche des Sozialismus, in: Die Welt Nr. 2, 3. Januar 1981.

286 Ebenda.

287 *Igor R. Schafarewitsch*: Der Todestrieb in der Geschichte. Erscheinungsformen des Sozialismus. Aus dem Russischen, Frankfurt am Main/Berlin/Wien 1980, S. 351.

hohlenen Feier atavistischer Wünsche kommt das gleich, was Alfred Rosenberg als die logische Konsequenz der nationalsozialistischen Doktrin bezeichnete. Für ihn ist ein „durch Ehre und Pflicht zusammengeschweißtes soziales und staatliches Gemeinwesen“[288] gehalten, „die rassisch und seelisch für nordische Lebensform Untauglichen“[289] auszusondern. Der „Schutz der nordisch-abendländischen Rasse“[290] sei nur um diesen Preis zu haben. Rosenbergs antichristliches Credo geht dabei in der Überzeugung auf, daß sich die Frage nach dem Schicksal der Betroffenen von vornherein verbietet. Schließlich verkenne sie die negativen Folgen des Hilfegedankens. „Aus dem Zwangsglaubenssatz der schrankenlosen Liebe und der Gleichheit alles Menschlichen vor Gott ... hat sich die europäische Gesellschaft geradezu als Hüterin des Minderwertigen, Kranken, Verkrüppelten, Verbrecherischen und Verfaultem ‚entwickelt‘“[291]. Der christliche Topos der Nächstenliebe gebe sich als eine „alle Lebensgebiete und Lebensformen eines Staates zersetzende Lehre[292] zu erkennen.

Die amoralische Theorie des Nationalsozialismus findet ihre Entsprechung in einer Herrschaftspraxis, die in nicht minderem Maße auf einen durch und durch gewissenlosen Ton gestimmt ist. Für den Jesuiten Max Pribilla durchzieht „ein eiskalter Hauch von geradezu nihilistischer Amoralität ... die ganze Politik der Nazis“[293]. Dabei werden „Selbstsucht und Überheblichkeit, Rassenstolz und Rassenverachtung, erbarmungslose Härte und Gewalttätigkeit ... als Beweis männlicher Überlegenheit und soldatischen deutschen Geistes gepriesen“[294]. Der Nationalsozialismus präsentierte das Modell einer Unordnung, in der die Doppelmoral zur ethischen Leitkategorie erhoben wurde. „Empörendste Parteilichkeit vollzieht sich unter gleichzeitiger Beteuerung höchster Unparteilichkeit, schreiendste Ungerechtigkeit unter prahlerischer Herausstellung rechtlicher Formen“[295]. Dieser Zynismus manifestiere sich auch darin, daß „Generäle, ... die man umgebracht oder in den Selbstmord getrieben hat, ... feierliches Staatsbegräbnis in Anwesenheit des ‚Führers‘“[296] erhalten. Auch die nationalsozialistische Politik gegenüber den religiösen Gemeinschaften ist dem Ungeist der ethischen Prinzipienlosigkeit verpflichtet. „Das ‚positive Christentum‘, auf dessen Boden die Partei angeblich steht, soll der Zersetzung des Christentums

---

288 *Alfred Rosenberg*: Der Mythus des 20. Jahrhunderts. Eine Wertung der seelisch-geistigen Gestaltenkämpfe unserer Zeit, München [49/50]1935, S. 170.

289 Ebenda.

290 Ebenda.

291 Ebenda S. 169.

292 Ebenda.

293 *Max Pribilla*: Deutsche Schicksalsfragen, Frankfurt am Main 1950, S. 270.

294 Ebenda S. 271.

295 Ebenda.

296 Ebenda.

dienen"[297]. Des weiteren bekenne sich der Nationalsozialismus gegenüber denjenigen, die ihn ablehnen, zum Prinzip der Freund-Feind-Entscheidung in seiner brutalsten Observanz. Während er seine Anhänger zu moralischen Lichtgestalten hochstilisiert, fallen seine Gegner dem Urteil der ethischen Minderwertigkeit anheim. „Die Partei nimmt für sich die edelsten, uneigennützigsten Beweggründe in Anspruch, während sie den anderen die niedrigsten und niederträchtigsten Motive unterschiebt"[298]. Für Pribilla ergibt das Zusammenspiel aller moralzersetzenden Kräfte im Nationalsozialismus eine kompositorische Einheit, in der dem Bösen das Handlungsterrain überantwortet wurde. Obgleich es im Laufe der Geschichte immer wieder „gewissenlose Menschen ... gegeben"[299] habe, falle der Nationalsozialismus mit seiner ins Extrem gesteigerten Amoralität „aus dem gewöhnlichen Rahmen"[300] heraus.

Auch der von den Nationalsozialisten umgebrachte und sich zur konservativen Denkfamilie bekennende Friedrich Percyval Reck-Malleczewen begreift die Nationalsozialisten als Dezisionisten von eigener ethischer Herrlichkeit. Hinter ihrem Bekenntnis zur abendländischen Kultur verraten sie den tief eingewurzelten Widerwillen gegen alle ihre Verhaltensmaximen. Eingepfercht in den Teufelskreis ihrer amoralischen Selbstreferenz zeichnen sie sich vor allem durch ihren antichristlichen Impetus aus. Ihre Bereitschaft sich mit dem Heidentum abzugeben, illustriert für Reck-Malleczewen ein persönliches Erlebnis. „Ich sah einen dieser Buben ... sich umsehen im leeren Klassenzimmer, ich beobachtete, wie sein Blick auf den über dem Katheder hängenden Cruzifixus fiel, wie mit einem Male dieses junge und noch weiche Gesicht in Wut sich verzerrte und wie er das Symbol, dem die deutschen Dome und die tönenden Säulenhallen der Matthäuspassion geweiht sind, von der Wand riß und wie er es durchs Fenster auf die Straße warf ... Mit dem Ausruf ‚Da lieg, du Saujud'"[301].

Die rebellischen Energien der Nationalsozialisten fließen auch für Reck-Malleczewen in ausgesprochen amoralische Bahnen. Sie haben „jeden Verrat, jede Mord- und Schändungsorgie"[302] als die natürlichste Sache der Welt betrachtet.

[297] Ebenda.

[298] Ebenda.

[299] Ebenda S. 272.

[300] Ebenda.

[301] *Friedrich Percyval Reck-Malleczewen*: Tagebuch eines Verzweifelten. Mit einem Vorwort von Klaus Harpprecht, Stuttgart 1966, S. 25. In seinem Werk „Bockelson. Geschichte eines Massenwahns" (Wiesenthal 1946) ging es Reck-Malleczewen nicht zuletzt auch darum, der Person Hitlers wenig schmeichelhafte Charaktermerkmale abzugewinnen. Er hat Joachim C. Fest zufolge „alle Züge herausmodelliert, die auf eine Art biographischer Verwandtschaft zwischen dem einen und dem anderen hindeuten" (Aufgehobene Vergangenheit. Portraits und Betrachtungen. Stuttgart 1981, S. 108 f.).

[302] Ebenda S. 183.

Vor allem ein Blick auf ihr persönliches Verhalten strafe ihre Behauptung Lügen, zur Elite der deutschen Nation zu gehören. In ihren Reihen seien „Habgier und soziales Ressentiment, Zuchtlosigkeit und Brunst und sexuelle Libertinage“[303] an der Tagesordnung gewesen. Letzten Endes zeige dieser moralische Verfall, daß man „längst bei dem Zustand des spätrömischen Großstadtmobs angelangt“[304] ist.

Dabei schließt sich nach der Auffassung einiger Autoren die amoralische Natur des Nationalsozialismus auch dann auf, wenn man sich der fragwürdigen Tendenzen versichere, die schon vor seinem Siegeszug ihre Wirkkraft entfalteten. In diesem Zusammenhang verweist Max Pribilla darauf, daß dieser auf einem kulturellen Boden gedeihen konnte, der bereits vorher gedüngt wurde. Indem die moderne Gesellschaft durch „die innere Entleerung des Menschen im äußeren Betrieb ... die sittlichen Hemmungen“[305] ausschaltete, sei eine Tendenz ans Tageslicht getreten, die „bei vielen das Gefühl und die Ehrfurcht vor dem Menschen und seinen unveräußerlichen Rechten verschüttet“[306] habe. Letzten Endes könne der Nationalsozialismus als „die Frucht der Zersetzung“[307] des moralischen Denkens angesehen werden, die schon sehr früh das Gesicht derjenigen Sozietät bestimmte, aus der er dann schließlich herauswuchs.

In einer ähnlichen Weise behauptet Heinrich Rommen, daß sich sowohl der Faschismus als auch der Nationalsozialismus nur in denjenigen Ländern etablieren konnten, die eine positivistische Rechtstradition aufwiesen. Sie hätten ihren Wurzelgrund in denjenigen Staaten gefunden, „in denen der Moral- und Rechtspositivismus ... an den Universitäten, im Juristenstand, in der offiziellen Rechtsphilosophie“[308] herrschte. In ihren politischen Gemeinwesen füllte er „die Leere aus, die durch die Auflösung der idealistischen Philosophien des 19. Jahrhunderts entstanden war“[309]. Jedem, der in dieser Rechtstradition aufwuchs, habe Schwierigkeiten gehabt, die „innerliche und wesentliche Ungerechtigkeit so mancher ‚verfassungsmäßig‘ korrekten Staatsakte“[310] zu erkennen. Auf diese Weise beraubte sie der Positivismus „jeder glaubhaften Widerstandstheorie“[311]

[303] Ebenda S. 89.

[304] Ebenda.

[305] *Max Pribilla*: Deutsche Schicksalsfragen, S. 265.

[306] Ebenda.

[307] Ebenda.

[308] *Heinrich Rommen*: Die ewige Wiederkehr des Naturrechts, S. 159.

[309] Ebenda S. 159 f.

[310] Ebenda S. 160.

[311] Ebenda.

Auf einer ähnlichen Linie der Überlegung kommt John H. Hallowell zu dem Ergebnis, daß der Aufstieg des modernen Totalitarismus in der ethischen Defizienz des Liberalismus begründet ist. Eine Ordnung, deren konstitutives Prinzip die Wertebeliebigkeit sei, habe sich aller Mittel begeben, die zur Selbstverteidigung gegenüber dem politischen Gegner vonnöten sind. „The tyranny that is rampant in the world today is the direct logical outgrowth of a degenerate liberalism“[312]. In dem Maße, in dem dieser sich weigerte, die Grenze des ethischen Wertrelativismus zu überschreiten, sei den illiberalen Bewegungen Tür und Tor geöffnet worden. „Lacking the capacity to make value judgments, the contemporary liberal has no means of protecting the individual rights which integral liberals fought with conviction to establish“[313]. Seine moralische Abstinenz lieferte den Zündstoff zu seiner eigenen Zerstörung. „Liberalism has destroyed its own convictions by denying conscience a valid role in the scheme of things“[314].

Dabei dürfe keineswegs verkannt werden, daß die Wertedestruktion, die den Nationalsozialismus evozierte, die gesamte westliche Welt heimsuchte. „The forces that produced Nazi dictatorship in Germany were not and are not peculiar to Germany alone ... The same forces are at work in every other nation of the Western world“[315]. Auf diese Weise beginge man die Sünde der selektiven Wahrnehmung, wollte man behaupten, daß „the totalitarianism ... a national, geographical or temporary aberration“[316] ist.

Wenn man den Bolschewismus und den Nationalsozialismus Revue passieren läßt, so stellen sich ausgesprochen doppelgesichtige Reaktionen ein. Einerseits haben ihre Greueltaten ohne Zweifel zu einer ethischen Neubesinnung geführt. Darüber hinaus muß allerdings auch erkannt sein, in wie starkem Maße die von den beiden politischen Regimen verübten Atrozitäten die Schamschwelle in einem entscheidenden Maße senkten. Auf diese Weise ist der aufgeklärte Zeitgenosse in der Gefahr, sich auch an diesem Punkte einer abgeklärten Haltung zu verschreiben.

4. Die Kulturrevolution der Neuen Linken

Zu den politischen Bewegungen, die Hand ans Gebälk der klassischen Werteordnung legten, gehört auch die Kulturrevolution der siebziger Jahre. Sie gab

312 *John H. Hallowell*: The Decline of Liberalism, in: Ethics LII (1942), S. 347. Vgl. dazu auch Hallowells Abhandlung: Modern Liberalism: An Invitation to Suicide, in: South Atlantic Quarterly XLVI (1947), S. 453 ff.

313 Ebenda.

314 Ebenda.

315 Ebenda S. 349.

316 Ebenda.

die Parole für einen ethischen Paradigmenwechsel aus und sagte den Wertmaßstäben der von ihr verachteten ‚bürgerlichen' Kultur den Kampf an.

Will man nach Horst Eberhard Richter nicht in den illegitimen Sog einer repressiv-reaktionären Gesellschaftspolitik geraten, dann gilt es, die Ungleichzeitigkeit der überkommenen gesellschaftlichen Institutionen und ihrer moralischen Normen zu erkennen. Ihr hoffnungslos veralteter Gestus wirke vor allem auf diejenigen abstoßend, die sich einer emanzipatorischen Politik verschrieben haben. Aus diesem Grunde sei es vonnöten, die „Rigidität unserer anachronistischen gesellschaftlichen Strukturen"[317] zu bekämpfen und ihnen die „neuartigen Wünsche"[318] derjenigen entgegenzusetzen, die sich mit diesen Verhältnissen nicht mehr länger abzufinden bereit sind. Dabei wird sich das alte soziale Beziehungsgespinst, dessen repressive Qualitäten auf der Hand liegen, gegen eine „kritische Umorientierung"[319] zu wehren kaum imstande sein. Zu einflußreich und wirkkräftig seien diejenigen Bürger, die gegen das Gebäude der überholten gesellschaftlichen Institutionen anrennen.

Die Kulturrevolutionäre lösten ihre Reflexionen aus der Verpflichtung gegenüber den bislang gültigen Moralvorstellungen und strebten neue ethische Ufer an. Sie enttäuschten bewußt die Erwartungen all derjenigen, die in der Anpassung an das gegebene Wertegefüge eine soziale Tugend erblicken. So gibt sich Charles Reich mit vollem Akkord als Anwalt der „ungehemmten Persönlichkeit"[320] zu erkennen. Um „echte Werte in einer Welt zu finden, deren offizielle Werte falsch und verzerrt sind"[321] ist es vonnöten, von der „starren Sitte"[322] Abstand zu nehmen. Dabei sei auch der Gebrauch psychodelischer Drogen ein in seiner Bedeutung kaum zu überschätzendes Hilfsmittel. „In einer Gesellschaft, die ihre Bürger in einem geschlossenen System der Denkweise hält, die so abhängig von systematischer Indoktrinierung und einem aufgezwungenen Bewußtsein ist, wirkt Marihuana für eine Revolution als ein Wahrheitsserum"[323].

Mit ähnlichen Maximen ausgerüstet, postuliert Theodore Roszak aus seinem Abgrenzungsstreben gegenüber der herrschenden Ordnung heraus die Etablierung einer „Gegenkultur"[324]. Er hat seine Gegenstimme zum Sprachrohr eines

---

[317] *Horst E. Richter*: Lernziel Solidarität, Reinbek bei Hamburg [4]1975, S. 18.

[318] Ebenda.

[319] Ebenda.

[320] *Charles Reich*: Die Welt wird jung. The Greening of America. Der gewaltlose Aufstand der neuen Generation. Aus dem Amerikanischen, Wien/München/Zürich 1971, S. 193.

[321] Ebenda S. 187.

[322] Ebenda S. 299.

[323] Ebenda S. 212.

[324] *Theodore Roszak*: Gegenkultur. Aus dem Amerikanischen, Düsseldorf/Wien 1971, S. 106.

Gesellschaftsideals gemacht, dem keinerlei Rückstände der zu überwindenden Sozietät mehr anhaften. Da sich die Werte des alten und des neuen Systems gegenseitig dementieren, plädiert er vor allem für „neue Formen des Zusammenlebens, neue Familienstrukturen, neue sexuelle Verhaltensweisen“[325].

Einer kulturrevolutionären Sezession aus der herkömmlichen Ordnung wird auch von David Cooper das Wort geredet. In das Konzept seiner Umwandlungsstrategie gehört die Forderung, dem „Orang-Utan Ideal“[326] nachzustreben. Das Bild einer angeblich ständigen Höherentwicklung habe unsere Aufmerksamkeit in so starkem Maße okkupiert, daß wir darüber die Weisheit und die Vorbildfunktion vorgeschichtlicher Zeiten vergessen haben. „Etymologisch bedeutet Orang-Utan Menschen aus nicht-kultivierter Gegend, archaischen Regionen, die in einem nicht-zeitlichen Sinn unserem gegenwärtigen konditionierten Bewußtseinsstand vorausgehen“[327]. Dabei summieren sich die Einwände gegenüber der gegenwärtigen Unordnung zu einer Bilanz, die „einen Akt von existentiellem Harakiri“[328] erfordern. Auf diese Weise könne sich das Individuum von seiner „Unterdrückung auf Klassen- und Staatsebene“[329] befreien.

In Deutschland war es nicht zuletzt Peter Brückner, der den Anspruch formulierte, sich in einem von keinerlei gesellschaftlicher Kontrolle bestimmten Handlungsfeld bewegen zu können. Sein dionysischer Kulturveränderungsimpetus ist darauf aus, vor allem der überkommenen Sexualmoral den Fehdehandschuh hinzuwerfen. „Wäre es nicht schön, wenn wir uns gegenseitig ohne Angst, ohne Einschränkungen der Moral oder Monogamie, erotisch befriedigen, nach Bedürfnis nackt miteinander spielen könnten?“[330]. Aus diesem Grunde verbietet sich Brückner zufolge auch jede kritische Erinnerung „an die sexuellen Gebräuche der Kommune“[331].

Mit seinen kulturrevolutionären Topoi verbindet Brückner auch eine geharnischte Kritik an den Idealen der ‚bürgerlichen‘ Pädagogik. Sie sei zwanghaft an die angebliche Notwendigkeit gebunden, den Menschen die sozialen Impe-

---

[325] Ebenda.

[326] *David Cooper*: Von der Notwendigkeit der Freiheit. Aus dem Englischen, Frankfurt am Main 1976, S. 32. Dagegen plädiert Horst v. Gizycki für die Überwindung urzeitlicher Verhältnisse (Aufbruch aus dem Neandertal. Entwurf einer neuen Kommune. Eine Streitschrift, Darmstadt und Neuwied 1974).

[327] Ebenda. Vgl. dazu auch *David Cooper*: Psychiatrie und Anti-Psychiatrie. Aus dem Englischen, Frankfurt am Main 1971, S. 45 ff.

[328] Ebenda.

[329] Ebenda S. 33.

[330] *Peter Brückner*: Die Transformation des demokratischen Bewußtseins, in: *Johannes Agnoli/Peter Brückner*: Die Transformation der Demokratie, Frankfurt am Main 1968, S. 101.

[331] Ebenda.

rative der gegenwärtigen Gesellschaft einzupflanzen. In der Vehemenz, in der ihre Pädagogen ihren Schutzbefohlenen die veralteten Werte vermittelten, zeige sich die moribunde Qualität dieser zu überwinden Sozietät. Die heutige Erziehungswissenschaft sei darauf aus, die „sozial-integrativen Verhaltensweisen“[332] zu konservieren und dem gegenwärtig vorherrschenden Ideal der „stationären Zustände“[333] zu frönen. Brückner wendet sich auch gegen das überkommene pädagogische Konzept, die Kinder zu Charakteren zu erziehen. Was sich in dieser Leitkategorie ausdrückt, verweist nicht auf eine gesellschaftsverändernde Einstellung, sondern entfaltet in besonderem Maße konservativ-rückwärtsgewandtes Denken. „Charakter ist ein Begriff für das Ensemble solcher überdauernden Dispositionen, auf die die Gesellschaft angewiesen ist“[334].

Nur eine durch und durch reaktionäre Sichtweise könne übersehen, daß dem überkommenen Wertekatalog das Kainsmal des endgültig Überholten anhaftet. Wolle man sich mit den delegitimierten Leitwerten wie Pflicht und Gehorsam[335] nicht anfreunden, da diese auf die „Versteinerung gegenwärtiger Verhältnisse“[336] abzielen, dann habe man die Menschen zu befähigen, „aufzubrechen, wann und wohin sie immer wollen“[337].

Daß eine derart gegen jegliche gesellschaftliche und staatliche Autorität gerichtete Doktrin auch die Lehre Sigmund Freuds in den kritischen Blick nimmt, verwundert kaum. Es war vor allem Herbert Marcuse, der diese im Prisma der Machtperpetuierung begreift. Aus diesem Grunde gehe ihr jede Möglichkeit ab, als Ariadnefaden aus dem Labyrinth der heutigen sinnverkehrten Ordnung zu führen. Schließlich gehe Freud davon aus, „daß die Repression mit dem Kulturfortschritt“[338] zunimmt. Er habe sich mit dieser These eindeutig

---

[332] *Peter Brückner*: Freiheit. Gleichheit. Sicherheit. Von den Widersprüchen des Wohlstands, Frankfurt am Main 1966, S. 107.

[333] Ebenda.

[334] Ebenda S. 105.

[335] Ebenda S. 104.

[336] Ebenda S. 102.

[337] Ebenda S. 110.

[338] *Herbert Marcuse*: Psychoanalyse und Politik, Frankfurt am Main/Wien ³1968, S. 19. Dabei wird auch der Psychoanalyse vorgeworfen, von einem objektiv gültigen Ethikkonzept Abschied genommen zu haben. So schreibt Johan Huizinga über ihren Gründer: „Mit der Betonung der infantilen Triebe als der Basis des gesamten Seelen- und Geisteslebens, ordnet er, um in christlichen Ausdrücken zu sprechen, die Tugend tiefer als die Sünde, läßt er aus Fleischlichkeit die höchsten Erkenntnisse entspringen“ (Im Schatten von morgen. S. 109). Alles in allem könne man davon ausgehen, daß die Lehre Freuds „zur Entwurzelung einer im Gewissen und formulierter Überzeugung gegründeten Ethik sehr Beträchtliches beigetragen hat“ (ebenda). Ähnlich kritisch ist Pitirim A. Sorokin eingestellt. Seiner Auffassung zufolge werden in Freuds Denksystem die ethischen Normen in unzulässiger Weise als „unbewußte Verdrängungen unserer sexuellen

als Anwalt der bürgerlichen Herrschaftsphilosophie und ihrer Moral entlarvt[339]. Mit seiner Auffassung, daß jeglicher Freiheit ein Zwangsmoment innewohnt, schließe er mit „der idealistischen Ethik und der liberalbürgerlichen Politik“[340] einen ideologischen Bund. Das stelle auch seine mit provozierender Entschiedenheit vorgebrachte Behauptung unter Beweis, daß der „Kampf ums Dasein und die amoralische Natur der Triebe ... Triebunterdrückung unabdingbar“[341] machen. Gegen diesen seiner Auffassung nach wenig überzeugenden Pessimismus des Denkers aus der Wiener Berggasse fordert Marcuse die „Reaktivierung aller der erotischen Kräfte und Verhaltensweisen, ... die unter dem repressiven Realitätsprinzip abgesperrt und desexualisiert“[342] werden. Auf diese Weise rücke eine Gesellschaftsordnung in den Blick, in der „das Streben nach Befreiung in einer glücklichen Welt[343] ihres utopischen Charakters verlustig ginge. In der vom Lustprinzip bestimmten Zukunftssozietät könnte ein „immer größerer Teil derjenigen Triebenergie, die für die entfremdete Arbeit abgezogen werden mußte“[344], in die „Energie der Lebenstriebe zurückverwandelt werden“[345].

Was die Kritik an der Kulturrevolution anlangt, so gehören zu ihren engagiertesten Repräsentanten nicht zuletzt diejenigen, die das ‚Privileg‘ genossen, ihre Auswirkungen am eigenen Leibe erfahren zu dürfen. So weist Bettina Röhl darauf hin, daß sie durch sie in die politische und gesellschaftliche Irre geführt wurde. Ihrer Auffassung nach zeichnen sich die Konturen dieses Aufstandes da ab, wo frühere Generationen nur Kulturverfall und Werteverwirrung erblickten. Da-

---

und selbstmörderischen Triebe seitens des beschränkten und grausamen Über-Ich“ aufgefaßt. (Die Wiederherstellung der Menschenwürde, S. 122). Die moralischen Normen gelten auf diese Weise als „eine Art von heuchlerischer und umständlicher Verschleierung“ (ebenda). Ihre Anwälte seien darauf aus, „die egoistischen Triebe von Personen und Gruppen zu verbergen“ (ebenda).

339 Ebenda.

340 Ebenda S. 16.

341 Ebenda.

342 Ebenda S. 49.

343 Ebenda.

344 Ebenda S. 48.

345 Ebenda. Während Herbert Marcuse die fadenscheinigen Stellen im Toleranzgewebe der liberalen Gesellschaft durchaus erkennt, ist er jedoch keineswegs bereit, sich zur Duldung von antirevolutionären Auffassungen zu bekennen. Derjenige, der für diese votiert, handelt gegen den historischen Fortschritt. „Daß rückschrittlichen Bewegungen die Toleranz entzogen wird, ehe sie aktiv werden können, daß Intoleranz auch gegenüber dem Denken, der Meinung und dem Wort geübt wird“ ist also geschichtlich geboten (Repressive Toleranz, in: *Robert Paul Wolff/Barrington Moore/Herbert Marcuse*: Kritik der reinen Toleranz, Frankfurt am Main [3]1967, S. 121). Auf diese Weise bedeutet „befreiende Toleranz ... Intoleranz gegenüber Bewegungen von rechts ... und Duldung von Bewegungen von links“ (ebenda S. 120).

bei war es vor allem die Bereitschaft der Kulturrevolutionäre, sich mit einem äußerst fragwürdigen Freiheitsbegriff abzugeben, die ihre enragierte Kritik evoziert. „Man irrte sich, wenn man annahm, man könne einfach glücklich sein, indem man sich von Zwängen befreite und sich gehenließ“[346]. Dieser Freiheitswahn erreichte seinen Gipfelpunkt mit der Behauptung, „man könne Literatur produzieren, ohne schreiben zu können, lieben, ohne lieben zu können, auf sich selbst stolz sein, ohne etwas vollbracht zu haben“[347]. Richte man sein Interesse auf die Folgen dieses Aufstandes, so seien diese als das desaströse Ergebnis einer prinzipiellen Fehlorientierung zu bezeichnen. Ihm sei es anzulasten, daß nun „Disziplinlosigkeit, Maßlosigkeit, Diskontinuität und Anmaßung“[348] um sich griffen.

In ein kritisches Licht wird dieser Aufstand auch von Peter Schütt gerückt. Sein unnachsichtiger Erkenntniswille kommt zu dem Ergebnis, daß ihn seine eigenen Aktivitäten zu einer radikalen Abrechnung mit seiner fragwürdigen Vergangenheit zwingen. Wolle er den ganzen Abstand ermessen, der ihn heute von den Kulturrevolutionären trennt, so sei es am besten, ihre sexuellen Reformvorstellungen in den Blick zu nehmen. „Die Liebe, in der Vorstellung aller Völker über Zeugung und Empfängnis eng mit dem Schöpfungsmysterium verbunden, verlor allen Zauber des Geheimen und des Geheimnisses und wurde auf die bloßen Körperreize reduziert“[349]. Dabei blieb es nicht aus, daß „an die Stelle fester Bindungen ... unverbindliche ‚Beziehungskisten‘[350] traten, aus denen „jedermann und jede Frau jederzeit aussteigen konnten“[351]. Wer sich dem neuartigen sexuellen Verhaltensmuster verweigerte, wurde in Acht und Bann getan. Ihn ereilte der soziale Ostrakismos. „Wer anders lebt als die, die das Andersleben zum Programm gemacht haben, und an der Familie festhält, ist von vornherein verloren“[352]. Derjenige, der sich zu einem Verklärungsgeschäft dieses Aufstandes hergibt, übersieht geflissentlich, daß „die heutige real existierende kinderfeindliche Gesellschaft ... gleichermaßen eine Folge der sexuellen Revolte wie der feministischen Befreiungsbewegung ist“[353].

---

[346] *Bettina Röhl*: „Normal zu werden ist eine große Kunst“, in: Die wilden Achtziger. Eine Zeitgeist-Reise durch die Bundesrepublik, hrsg. v. *Matthias Horx*, München 1987, S. 69.

[347] Ebenda.

[348] Ebenda S. 70. Vgl. dazu auch *Matthias Horx*: Das Ende der Alternativen. Was aus den Kommunen, den Aussteigern und Spontis geworden ist, München 1987.

[349] *Peter Schütt*: Der alte Adam wird verdammt in alle Ewigkeit, in: Die Welt. Geistige Welt, 7. Mai 1994.

[350] Ebenda.

[351] Ebenda.

[352] Ebenda.

[353] Ebenda.

Mit überzeugender Akribie haben auch konservative Autoren den Kulturprotest der Neuen Linken ins Fragwürdige zu ziehen versucht. Für sie kreierte er einen Gedanken- und Handlungskosmos, der ihren Wertvorstellungen weitgehend widersprach. So ist Wolfgang Brezinka der Auffassung, daß die Parteigänger dieser Revolte „jede emotionale Bindung an die Heimat, die Religion, das Vaterland, die kulturelle Überlieferung, die großen Werke der Kunst und Literatur“[354] im Keime zu ersticken versuchten[355]. Nur ein irregeleitetes Wohlwollen könne ihre Forderung, ein totales „Frei-Sein von Bindungen“[356] anzustreben, in einem affirmativen Horizonte interpretieren. Der Anschluß an eine gesellschaftszerstörende Einstellung sei auch gefunden, wenn der „Rechtsgehorsam ... in das Belieben des einzelnen Bürgers“[357] gestellt wird. Zur Physiognomie dieser Fehlentwicklung zählt auch das kaum verhohlene Verständnis des Bürgertums für diese politische Einstellung. In ihrem falsch verstandenen Toleranzstreben hätten sie ein Auge zugedrückt, wenn es um „zivilen Ungehorsam wie Hausbesetzung, Verkehrsblockade, Unterrichtsboykott“[358] gegangen sei.

Auch für Hermann Lübbe gibt es im Denkuniversum der Kulturrevolutionäre keinen Fixstern mehr, an dem sich ein Konservativer orientieren könnte. Auch er hält dafür, daß bei ihnen der Abschied von der bürgerlichen Wertewelt systematisch verfolgt werde. In ihrer „Abräumewut“[359] seien sie vor allem darauf aus gewesen, die Tugend des bürgerlichen „Fleißes ... einer systematischen Diffamierungskampagne“[360] auszusetzen. Auf diese Weise sei auch die „die Erhaltung zukunftsfähiger Herkunftsbestände“[361] in Gefahr geraten.

---

[354] *Wolfgang Brezinka*: Die Pädagogik der Neuen Linken, Stuttgart/Degerloch ²1972, S. 40.

[355] Seinen destruktiven Kulturimpetus bewies der Hamburger SDS mit seinem Versuch, das Pater noster in einen revolutionären Text zu verwandeln. Während in der Hamburger Michaeliskirche die Gemeinde dieses Gebet sprach, grölten die linken Studenten: „Kapital unser, das Du bist im Westen – Amortisiert werde Deine Investition – Dein Profit komme – Deine Kurse steigen, wie in der Wallstreet, also auch in Europen. Unseren täglichen Umsatz gib uns heute – Und verlängere unsere Kredite, wie wir sie stunden unseren Gläubigern – Und führe uns nicht in Konkurs, Sondern erlöse uns von den Gewerkschaften. Denn Dein ist die halbe Welt und die Macht und der Reichtum seit zweihundert Jahren. Mammon“ (In: Christ und Welt 21 [19. Januar 1968]).

[356] *Wolfgang Brezinka*: Die Pädagogik der Neuen Linken, S. 39.

[357] *Wolfgang Brezinka*: Erziehung in einer wertunsicheren Gesellschaft. Beiträge zur praktischen Pädagogik, Basel 1986, S. 21.

[358] Ebenda.

[359] *Hermann Lübbe*: Miesmacher haben Konjunktur, in: Rheinischer Merkur/Christ und Welt Nr. 36, 4. September 1981.

[360] Ebenda.

[361] Ebenda.

Die Klammer, die das Denken und Handeln der Kulturprotestler zusammenhält, ist auch nach Josef Isensee von einem genuin antibürgerlichen Impetus bestimmt. Dieser Blickverengung entspricht die Ablehnung all der Handlungsanweisungen, die dem liberalen Gemeinwesen Halt verleihen. „Der antiinstitutionelle Trend richtet sich gegen die innergesellschaftlichen Stabilitätsgarantien. Seit der Kulturrevolution setzt die Abkehr ein von bürgerlichem Ethos und Habitus. Dem Ordnungsanspruch der Normen und ihrer Allgemeinverbindlichkeit stemmt sich ein selbstbewußter Subjektivismus entgegen, der sich, falls er unter Rechtfertigungszwang gerät, auf das Gewissen beruft und in ihm ein ethisch wohlfeiles Argument für das Ausleben auch der außerethischen Bedürfnisse findet“[362].

Summa summarum läßt sich von der kulturrevolutionären Zukunftsvision sagen, daß in ihr alle Ausgänge in die vernünftig gestaltete Realität konsequent versperrt werden. Für Helmut Thielicke ist in ihr der Sinn für das Machbare so sehr entschwunden, daß sie sich als Trugbild „gespenstischer Unwirklichkeit“[363] präsentiert. Indem die Kulturprotestler ihre Widersprüche in Sprüchen über eine konfliktfreie zukünftige Gesellschaft ertrinken lassen, machen sie auch einen großen Bogen um die Tradition der europäischen Gesittung. Sie haben bewußt darauf verzichtet, die großen Themenkomplexe der abendländischen Literatur und Philosophie in ihren revolutionären Faden einzuknüpfen. Dabei war es ihnen vor allem darum zu tun, die Aspekte des Tragischen und des Schuldhaften auszuklammern. Letzten Endes besteht ihre „harmonisierte Utopiegesellschaft ... aus dumpf-glücklichen Lemuren, aus Homunkuli also, die weder Romeo noch Julia sein können und in denen kein Shakespeare noch irgendwelche dramatischen Impulse zu finden“[364] in der Lage wäre.

Wer das Denken und Handeln der in Rede stehenden Kulturrevolutionäre in seinen kritischen Blick nimmt, sollte auch nicht übersehen, daß die Leitbilder der von ihnen attackierten Gesellschaft keineswegs über alle Zweifel erhaben waren. So verwies Leszek Kolakowski darauf, in wie starkem Maße sich ihr Protest gegen eine Sozietät richtete, die in Gefahr war, ihrer Legitimität verlustig zu gehen. Sie habe sich letzten Endes als unfähig erwiesen, der Jugend Werte zu vermitteln, denen Überzeugungskraft eignet. „Die Kinder, deren Väter im Schweiße ihres Angesichtes ihr Vermögen erworben haben, empfinden die Sinnlosigkeit und die Qual eines Lebens, das von einer nie endenden Jagd nach dem Neuen, nach immer größerer Masse erworbener, besessener und ver-

[362] *Josef Isensee*: Am Ende der Demokratie – oder am Anfang? Berlin 1995, S. 49.

[363] *Helmut Thielicke*: Mensch sein – Mensch werden. Entwurf einer christlichen Anthropologie, München/Zürich 1976, S. 269.

[364] Ebenda

brauchter Dinge erfüllt ist"[365]. Auf diese Weise müssen die Anwälte der Kulturrevolte nicht nur als Opponenten einer aus den Fugen geratenen Sozietät, sondern auch als ihr gegenläufiges Produkt angesehen werden. In den Augen Kolakowskis figurieren sie als „launenhafte Kinder ihrer Gesellschaft"[366].

In ähnlicher Weise führt auch Richard Löwenthal die Kulturrevolution auf die Defizienzen der von ihr bekämpften Gesellschaft zurück. Aus diesem Grunde müsse jeder Versuch scheitern, diesen Aufstand in einen dichotomischen Gegensatz zu dem von ihren Aktivisten kritisierten und abgelehnten System zu bringen. Letzten Endes sei er aus der „Erschütterung des Glaubens an wesentliche Werte des Westens"[367] heraus zu erklären. In das Zentrum der aufmüpfigen Aufmerksamkeit rückte eines Lebensweise, die den falschen Normen Sukkurs erwies. In diesem Horizonte erscheint auch ihre Kritik an unaufgebbaren Tugenden in einem verständlichen Licht. „Die Abkehr von der Arbeitsethik der Leistungsgesellschaft kann mit der Sinnlosigkeit der Jagd nach immer mehr Konsumgütern begründet werden"[368]. In gleicher Weise hat auch die „Schwächung der Familienbindungen"[369] das ihre dazu beigetragen, die Werte der Leistungsgesellschaft infrage zu stellen.

Auch wenn man die Kulturrevolte letzten Endes als gescheitert ansehen muß, so sollte doch nicht übersehen werden, daß einige ihrer Postulate durchaus auf fruchtbaren Boden gefallen sind. Es war Rainer Langhans, der darauf verwies, in wie starkem Maße die heutige Gesellschaft von den sexualpolitischen Vorstellungen derjenigen geprägt ist, die in den siebziger Jahren auf die Barrikaden gingen. „Heute brauche ich nur den Fernseher einzuschalten und ich sehe in jeder Talkschau, wofür wir damals gekämpft haben: daß die Leute über ihr Intimleben reden und daß die Beziehungen offener sind"[370].

---

[365] *Leszek Kolakowski*: Der Anspruch auf selbstverschuldete Unmündigkeit, in: Vom Sinn der Tradition, hrsg. v. *Leonhard Reinisch*: München 1970, S. 11.

[366] Ebenda S. 15.

[367] *Richard Löwenthal*: Zur Umwertung unserer Werte, in: L'76 11 (1979), S. 144.

[368] Ebenda.

[369] Ebenda S. 143.

[370] Zitiert in der Frankfurter Allgemeinen Zeitung Nr. 96, 25. April 1997.

IV. Der Ausweg aus der Wertekrise

Was ist Humanismus, wenn ihm keine
divine Norm übergeordnet ist?
Hans Urs von Balthasar

In dem Maße, in dem die Absage an die Notion einer objektiv gültigen Ethik und die damit verbundene fortschreitende Werterelativierung Raum gewann, war auch der Ruf nach einer Neuorientierung zu vernehmen. Daß eine einer überindividuell gültigen Moral sich entziehende Denkweise als defizient anzusehen ist, diese Einsicht griff in immer stärkerem Maße Platz. Da viele Philosophen sich in den Fängen einer ethikskeptischen Haltung verstrickten, erfolgte Ludwig Landgrebe zufolge „ein Gegenzug gegen den Relativismus der Werte“[1]. Die Klammer, die diesen zusammenhält, ist nach Wolfgang Brezinka in der Absicht begründet, die heutige „Unsicherheit des Wertebewußtseins und der Werteeinstellungen“[2] zu überwinden.

Im pointierten Widerspruch zu Otfried Höffe, der davon überzeugt ist, daß „dem Projekt der Moderne weit mehr Moral immanent“[3] ist, „als man erwartet“[4], setzen viele Autoren auf eine Neubesinnung auf die alten Tugenden. Sie haben auch wenig Verständnis für seine Forderung, einer angeblichen „Moralhypertrophie“[5] Skepsis entgegenzusetzen. Stattdessen plädieren sie dafür, das

---

[1] *Ludwig Landgrebe*: Philosophie der Gegenwart, Frankfurt am Main/Berlin 1961, S. 127.

[2] *Wolfgang Brezinka*: Erziehung in einer wertunsicheren Gesellschaft, S. 12. Für Czeslaw Milosz ist die Hoffnung auf eine derartige Metanoia schon deswegen keineswegs unberechtigt, weil das sogenannte Volk im Gegensatz zur Oberschicht weit weniger von dem heute herrschenden Wertewirrwar verunsichert wird. Es verrate einen eindeutigen Widerwillen gegen ein Denken, das keinen moralischen Halt mehr biete. Dabei finde sein „Bedürfnis nach wahren Werten ... keine Sprache, in der es sich ausdrücken könnte“ (Die Suche nach Wirklichkeit. Rede bei der Verleihung des Nobelpreises für Literatur am 10. Dezember 1980, in: Neue Zürcher Zeitung Nr. 301. 28./29. Dezember 1980). Schuld daran trügen vor allem die Intellektuellen und die Massenmedien mit ihren in die ethische Irre führenden Botschaften (ebenda).

[3] *Otfried Höffe*: Eine entmoralisierte Moral: Zur Ethik der modernen Politik, in: Politische Vierteljahresschrift 32 (1991), S. 316.

[4] Ebenda.

[5] Ebenda. In der Diskussion über die ethische Verfassung unserer Gesellschaft kommt des öfteren das Argument zur Sprache, daß es vor allem im politischen Bereich nicht ein

kaum stützende Scheingerüst einer übertriebenen Wertevielfalt möglichst schnell aufzugeben.

Obgleich sich das Konzert derjenigen, die sich für eine Rückbesinnung auf das alte Tugendsystem einsetzen, als ziemlich vielstimmig zu erkennen gibt, so ist doch nicht zu übersehen, in wie starkem Maße eine Vielzahl von Autoren dazu aufruft, die Tradition des christlichen Abendlandes zu neuem Leben zu erwecken. Unter dem Blick von Michael Roberts erweist sich diese als ein Wertearsenal von größter Bedeutung und höchster Aktualität. „Ob wir uns selbst zum Christentum bekennen oder nicht, wir müssen jedenfalls zugeben, daß das Christentum den Grundstock unserer sittlichen Überlieferung gebildet hat, von dem sich alle unsere weltlichen, sittlichen Begriffe herleiten“[6]. Dabei sei die „Bibel ... die Hauptquelle seiner Moral“[7]. Es gebe keine andere Schrift, „die mit der gleichen Autorität sprechen könnte, keine die so harmonisch mit dem übereinstimmt, was uns selbst unser eigenes Ich sagt, und keine, die allen Forderungen weitblickender, praktischer Weisheit so nahe kommt“[8].

In gleicher Weise wird auch für Pitirim A. Sorokin das Bekenntnis zur christlichen Moral zur unabdingbaren Voraussetzung, daß eine Werteerneuerung überhaupt stattfinden kann. Aus diesem Grunde fordert er, „unsere Pseudo-Ethik ... durch die ewigen moralischen Imperative der Bergpredigt“[9] zu ersetzen.

Während Bertrand Russell der Auffassung ist, daß „Glaubensbekenntnisse nicht dazu angetan“[10] sind, „liebende Güte zu verbreiten“[11], halten die Anwälte einer christlichen Werterenovatio dafür, in wie starkem Maße ethische Leitlinien nur außerweltlich zu begründen sind. Aus diesem Grunde sei bislang jeder Versuch gescheitert, diese immanentisch zu verankern.

Für Gerhard Ritter kann jegliche Diskussion über die Neubesinnung auf eine objektiv gültige Moral nur dann sinnvoll sein, wenn sie von einem klaren Bewußtsein darüber bestimmt ist, daß ihre Topoi nur aus den Geboten Gottes abgeleitet werden können: Seiner Auffassung zufolge kann die „Frage nach der

Zuwenig, sondern ein Zuviel an Macht gibt. Wenn sich die Menschen in diesem Bereich auf einen zu hohen Richterstuhl schwingen, lösten sie ihre Reflexion aus der moralischen Verpflichtung und begeben sich damit in die Gefahr, einem unangebrachten Rigorismus das Wort zu reden. Vgl. dazu *Hermann Lübbe*: Politischer Moralismus, Berlin 1987, S. 54.

[6] *Michael Roberts*: Die Erneuerung des Westens. Aus dem Englischen. Zürich/New York 1941, S. 233.

[7] Ebenda.

[8] Ebenda.

[9] *Pitirim A. Sorokin*: Die Wiederherstellung der Menschenwürde, S. 123.

[10] *Bertrand Russell*: Wissenschaft wandelt das Leben. Aus dem Englischen, München 1953, S. 109.

[11] Ebenda.

sittlichen Verantwortung ... nur da mit Ernst gestellt werden, wo es eine sittliche Instanz, einen Richterstuhl oberhalb der kämpfenden irdischen Gewalten gibt: einen Gott also, vor dem sich die irdischen Machthaber und Machtkämpfer zu verantworten haben"[12].

Die Brille eines Denkens, das moralische Prinzipien innerweltlich zu begründen sucht, meidet auch Kardinal Carlo Maria Martini. Dezidiert verankert er die Frage nach der Unterscheidung von Gut und Böse im Bereich des Religiösen. Für ihn können Tugenden wie Altruismus, Redlichkeit, Gerechtigkeit, Solidarität und Vergebung nur dann wirklich appellablen Charakter aufweisen, „wenn der absolute Wert der moralischen Norm ... in metaphysischen Prinzipien oder in einem personalen Gott"[13] gründet.

Alle diejenigen Autoren, die einer außerweltlichen Begründung ethischer Normen das Wort reden, können sich auf keinen Geringeren als den Soziologen Émile Durkheim berufen. „Wenn man sich, um die Moral und die Moralerziehung zu rationalisieren, damit begnügt, von der Moraldisziplin alles abzuziehen, was religiös ist, ... so setzt man sich unweigerlich der Gefahr aus, ihr zugleich die rein moralischen Elemente zu entziehen"[14]. Bei diesem fragwürdigen Versuch bleibe „unter dem Namen einer rationalen Moral nur verarmte und verblaßte Moral"[15] übrig.

Denjenigen, die die metaphysische Begründung ethischer Prinzipien ablehnen und sie stattdessen in den Gesetzen der Natur verankern, ruft Robert Spaemann ins Gedächtnis, daß dies ein hoffnungloses Unterfangen ist. Da wir keineswegs festgestellte Wesen sind, da der Mensch im Sinne von Johann Gottfried Herder als „der erste Freigelassene der Schöpfung"[16] gilt, kann er sich den Imperativen der Natur durchaus entziehen, sich „von ihren Forderungen ... emanzipieren"[17]. Aus diesem Tatbestand erwächst auch Spaemanns keineswegs unberechtigte Frage, „warum ... wir nicht ‚gegen die Natur' handeln"[18] sollten?

---

[12] *Gerhard Ritter*: Vom sittlichen Problem der Macht, S. 5.

[13] *Carlo Maria Martini*: Woher leuchtet da Licht des Guten?, in: *Carlo Maria Martini/Umberto Eco*: Woran glaubt, wer nicht glaubt? Aus dem Italienischen, Wien 1998, S. 79. Vgl. dazu auch Immanuel Kant: Kritik der praktischen Vernunft. Erster Teil, Zweites Buch, Zweites Hauptstück.

[14] *Émilie Durkheim*: Erziehung, Moral und Gesellschaft. Aus dem Französischen, hrsg. v. *Ludwig Schmidts*, Neuwied am Rhein/Darmstadt 1973, S. 64.

[15] Ebenda. Vgl. dazu auch *Harry Neumann*: The Death of God and the Problem of Altruism, in: Zeitschrift für Religions- und Geistesgeschichte 21 (1969), S. 253 ff.

[16] *Johann Gottfried Herder*: Ideen zur Philosophie der Geschichte der Menschheit. Mit einem Vorwort v. Gerhardt Schmidt, Wiesbaden o. J., S. 199.

[17] *Robert Spaemann*: Gut und Böse – relativ? Über die Allgemeinheit sittlicher Normen. Freiburg 1982, S. 15.

[18] Ebenda.

Deshalb muß auch der Versuch von James Q. Wilson scheitern, ethische Postulate aus ihrer Entwicklung abzuleiten. Gegenüber seiner Absicht, die „Ursprünge unserer moralischen Gewohnheiten und unseres moralischen Empfindens im Evolutionsprozeß zu suchen“[19], summieren sich die Einwände zu einer Bilanz, die diese als gescheitert erkennen läßt. Aus dem biologischen Fortschritt lassen sich nämlich auch sozialdarwinistische Leitprinzipien ableiten. Seine Koordinaten können auch dazu dienen, dem Recht des Stärkeren Sukkurs zu erweisen.

Auf eine abschüssige ethische Bahn begibt man sich auch, wenn man die moralische Maxime des größten Glücks der größten Zahl postuliert. Dieses utilitaristische Postulat kann nach Robert Spaemann die scheußlichsten Greueltaten eines Machthabers kaum verhindern. So würde es dem Ziel dieser Gücksmaximierung kaum widersprechen, eine wie immer geartete ethnische „Endlösung“[20] zu exekutieren. Einer ähnlichen Argumentation gegen dieses ethische Prinzip bedient sich auch Isaiah Berlin: „Wenn das Glück der einzige Maßstab ist, dann trugen Menschenopfer und Hexenverbrennungen in Zeiten, da solche Praktiken einen starken Rückhalt in der breiten Bevölkerung hatten, zweifellos zum Glück der Menschheit bei“[21]. Und Walter Hoeres erinnert daran, daß die in Rede stehende moralische Maxime es keineswegs ausschließe, die Euthanasie als die „Verminderung von Unlust auf beiden Seiten“[22] zu begreifen. Sie berge überhaupt die Gefahr in sich, die ethisch gebotene Fürsorge für den Mitmenschen zugunsten eines nebulösen überindividuellen Glückszieles zu opfern. Allzuleicht werde „das wohl des Nächsten, das mir als solches konkret und verpflichtend vor Augen steht, zugunsten eines so hehren und absoluten Zieles wie das ‚Glück der Menschheit‘ oder ‚Gesellschaft‘“[23] geopfert.

Des weiteren ist eine objektiv gültige Ethik auch nicht aus den Deutungsmustern der Wissenschaft heraus zu konzipieren. Mit vollem Recht wendet sich Robert Spaemann dagegen, das Tugendproblem dem Szientismus zu überantworten. Bewußt enttäuscht er diejenigen, die wie Bertrand Russell der Ansicht sind, daß „ohne Wissenschaft ... die Eindämmung der Vergehen und Verbrechen

---

[19] *James Q. Wilson*: Das moralische Empfinden. Warum die Natur des Menschen besser ist als ihr Ruf. Aus dem Amerikanischen, Hamburg 1994, S. 59. Für Wilson deszendiert das „Mitgefühl“ aus der Tatsache, „daß es zum Überleben der Spezies beigetragen hat“ (ebenda S. 79).

[20] Robert Spaemann: *Zur Kritik der politischen Utopie, S. 21.*

[21] *Isaiah Berlin*: Freiheit. Vier Versuche. Aus dem Englischen, Frankfurt am Main 1995, S. 278.

[22] *Walter Hoeres*: Der Einzelne oder das größte Glück der größten Zahl – die Unantastbarkeit der Person in der pluralistischen Gesellschaft, Ulm 1989, S. 6.

[23] Ebenda.

unmöglich gewesen“[24] wäre. Ganz im Kontrapunkt zum englischen Philosophen hält Spaemann dafür, daß „eine humane, eine sinnvolle Lebensführung nichthypothetische Zugänge zur Wirklichkeit zur Voraussetzung“[25] hat. Letzten Endes führe die „Verwandlung aller Überzeugungen in Hypothesen zur Selbstaufhebung einer freien Gesellschaft“[26]. Kein zurechnungsfähiger Mensch könne die Auffassung vertreten, daß „der Kampf der freien Staaten gegen den Nationalsozialismus ... ein Kampf für Hypothesen“[27] gewesen sei. Für Spaemann wäre eine Daseinsweise, die ganz auf deren Voraussetzungen beruht, durch und durch unmenschlich[28].

Die Kritik am modernen Szientismus kann für Spaemann auch dann nur sinnvoll sein, wenn sie von einer klaren Zurückweisung des sogenannten Kritischen Rationalismus bestimmt ist. Hinter seinen Prämissen verberge sich eine Auffassung, die mit der Annahme einer objektiv gültigen Ethik inkommensurabel ist. Im Zentrum dessen, was Hans Albert[29] die Feder führe, stehe das äußerst fragwürdige Ansinnen, „ethische Aussagen als Hypothesen zu betrachten und für sie jeweils nach Alternativen Ausschau zu halten“[30]. Dagegen müsse jegliche Besinnung auf eine vernünftige Ethikkonzeption davon ausgehen, in wie starkem Maße die „Humanität ... mit Tabus, die dem rationalen Problemlösungs-

---

[24] *Bertrand Russell*: Wissenschaft wandelt das Leben, S. 105.

[25] *Robert Spaemann*: Sinnstiftung in einer hypothetischen Zivilisation, in: Neue Zürcher Zeitung Fernausgabe Nr. 277. 26.11.1976. Schon Paul Bourget hielt dafür, daß „les hypothèses les plus probable de la science“, der „notion du bien et de celle du mal“ grundlegend widersprechen (Nouveaux essais de psychologie contemporaine, Paris 1885, S. 282).

[26] Ebenda.

[27] Ebenda.

[28] Ebenda. Für Spaemann ist der „konsequent amoralische Standpunkt ... mit dem Menschsein“ unvereinbar (Gut und Böse – relativ? S. 2). Jemand, der dem konsequenten Werterelativismus Reverenz erweist, wird in der Gesellschaft Anstoß erregen. Wem alle Handlungweisen „gleichgültig sind, der wird das unter Menschen kaum gestehen dürfen, ohne selbst als Monstrum oder als krank angesehen zu werden“ (ebenda). Der Mensch wird ethischen Großtaten immer Anerkennung zollen. „Wer nicht ... imstande ist, Bewunderung zu empfinden, wenn er hört, wie Pater Maximilian Kolbe sich im Konzentrationslager austauschen ließ, um statt eines Familienvaters in einem Hungerbunker zu sterben, der schließt sich aus der Gemeinschaft der Menschen aus“ (ebenda).

[29] Hans Albert hält dafür, „daß es keine Aussagen geben dürfe, die der rationalen Diskussion und der kritischen Überprüfung im Lichte der Logik und der Erfahrung entzogen sind“. (Konstruktion und Kritik. Aufsätze zur Philosophie des kritischen Rationalismus, Hamburg 1972, S. 159 f.) Dagegen spielt in Poppers Denken die Tradition eine ungleich wichtigere Rolle. „Without an intellectual tradition the individual could hardly take a single step towards the truth“ (Conjectures and refutations, London 1963, S. 376). Für ihn zeigen die „achievements of the past and of our time ... what is humanly possible“ (ebenda).

[30] *Robert Spaemann*: Sinnstiftung in einer hypothetischen Welt.

verhalten Grenzen setzt"[31], besetzt ist. Die Menschheit verdankt ihre sittlichen Prinzipien keineswegs „dem Disput der Philosophen"[32]. Eine bindende Kraft aufweisende Moral sei das Geschenk von „Lehrern, Propheten, Weisen, Stiftern, ... die mit Überzeugungskraft Wegweisung gaben"[33].

Einen durchaus unangebrachten szientifischen Zug erblickt Walter Hoeres in der Absicht, die Wertüberzeugungen der Menschen als Emanationen ihrer psychischen Befindlichkeit zu begreifen[34]. Die heuristische Kraft der Psychologie reiche nicht aus, um zu erkennen, warum ein Mensch bestimmte Handlungen als gut und andere als böse ansieht. Ihr hypertropher Erklärungswahn verkenne, daß „wir die Werte entdecken und nicht in welcher Weise auch immer konstituieren"[35].

Daß die Erkenntnisbäume der Psychologie keineswegs in den Himmel wachsen, wenn die Lösung ethischer Probleme angestrebt wird, das betont auch E. Jordan. Wolle man sinnvolle Erkenntnislinien in sie legen, so sei diese Einsicht unverzichtbar. „The tragedy of all philosophy of the modern period is its assumption that its proper method is psychology"[36]. Diese Disziplin sei außerstande, einen überzeugenden Beitrag zur Lösung unserer ethischen Probleme zu leisten. „As far as the public order is concerned, this method has nothing whatever to say"[37].

Von der Warte einer Ethikauffassung aus, die eindeutig zwischen begrüßenswerten und tadelnswerten Taten zu unterscheiden weiß, ist es auch höchst bedenklich, die Kategorien des Wertrelativismus und der Toleranz zusammenzudenken. Die Zweifel an dieser Auffassung werden Robert Spaemann zufolge dann unabweisbar, wenn man sich ihre moralischen Konsequenzen ins Bewußtsein hebe. Der ethische Relativist könne durchaus zu der Überzeugung gelangen, daß sein eigener Wertekatalog ihm „Gewalttätigkeit und Intoleranz"[38] gestatten. Spaemann wendet also die fragwürdige Behauptung, derzufolge die „Toleranz ... die selbstverständliche Konsequenz des moralischen Relativismus"[39] ist, in die wohlbegründete Argumentation, daß diese „vielmehr in einer sehr bestimmten moralischen Überzeugung"[40] gründet. Aus diesem Grunde

---

[31] *Robert Spaemann*: Gut und Böse – relativ? S. 15.

[32] Ebenda.

[33] Ebenda.

[34] *Walter Hoeres*: Offenheit und Distanz. Grundzüge einer phänomenologischen Anthropologie, Berlin 1993, S. 165 .

[35] Ebenda.

[36] *E. Jordan*: The Role of Philosophy in Social Crisis, S. 381.

[37] Ebenda

[38] *Robert Spaemann*: Moralische Grundbegriffe, München [5]1994, S. 21.

[39] Ebenda.

[40] Ebenda.

muß „man ... schon eine bestimmte Idee von der Würde jedes Menschen haben, um die Forderung der Toleranz einleuchtend zu finden“[41].

Die Anwälte einer objektiv gültigen Ethik überzeugt auch die Behauptung nicht, daß man angesichts der unterschiedlichsten Verhaltensweisen in den einzelnen Kulturkreisen der Menschheit dem prinzipiellen Wertrelativismus Reverenz erweisen sollte. Für J. M. Bochenski fügt sich diese Beweisführung zu keinem überzeugenden Bild, sondern verliert seine Konturen in einer Argumentation, der jegliche logische Stringenz abgeht. Für ihn ist der Wertrelativismus die Konsequenz eines Denkens, das auf die entscheidende Differenz zwischen den einzelnen Akten und der tatsächlichen Existenz überzeitlich und überkulturell gültiger Werte glaubt verzichten zu können. Das unbestreitbare Faktum, „daß die Wertungen ... veränderlich, relativ, immer wechselnd“[42] sind, schließe keineswegs aus, in wie starkem Maße „die Werte aber selbst ... ewig und unveränderlich“[43] existieren. Aus diesem Grunde lehnt es der Dominikaner vehement ab, „Relativität und ... Wandel der Wertungen durch dieselbe Relativität und denselben Wandel der Werte selbst zu deuten“[44].

Im Horizonte dieser Auffassung ist es auch höchst illegitim, alle ethischen Fragen in den Prozeß der Diskussion einzubeziehen. Die Gegner des Wertrelativismus geben dezidiert zu Protokoll, daß aus dem Diskurs nicht immer die Wahrheit und schon gar nicht die moralische, deszendiert. Aus diesem Grunde können sie sich auch kaum mit der Behauptung John Miltons anfreunden, demzufolge diese noch niemals „in einem freien und offenen Kampfe zu Boden gerungen“[45] wurde. Gegen diesen in historischer Perspektive durchaus fragwürdigen Optimismus hat sich nicht zuletzt der den liberalen Ordnungsvorstellungen zutiefst verpflichtete Isaiah Berlin gewandt. Seiner Auffassung zufolge ist auch eine noch so intensiv geführte Diskussion unfähig, menschenfeindliche Auffassungen zu unterdrücken. Aus diesem Grunde stellt er die keineswegs unberechtigte Frage, „wie hoch der Preis sein“[46] darf, den „wir für die große Gunst der Diskussionsfreiheit zu zahlen bereit sind“[47]. Schließlich sprächen gute Gründe dagegen, „daß wir die freie Äußerung etwa von Meinungen, die den Rassenhaß predigen[48], zulassen sollten.

[41] Ebenda S. 21.

[42] *J. M. Bochenski*: Wege zum philosophischen Denken S. 76 f.

[43] Ebenda S. 77.

[44] Ebenda S. 75.

[45] *John Milton*: Zur Verteidigung der Freiheit. Aus dem Englischen. Leipzig 1987, S. 58.

[46] *Isaiah Berlin*: Freiheit. Vier Versuche, S. 273.

[47] Ebenda.

[48] Ebenda.

In Übereinstimmung mit Berlin meldet auch Leszek Kolakowski seine berechtigten Zweifel darüber an, ob die völlig entgrenzte Diskussionsfreiheit den ethischen Fortschritt begünstigt. So hätten die Gegner der Sklaverei ihre Argumente keineswegs aus der allgemeinen Deliberation bezogen. Sie wäre nie aufgehoben worden, wenn dies der Fall gewesen wäre[49]. Ganz im Kontrapunkt dazu bezogen sie ihren Kampfesmut aus der Einsicht, daß es die „menschliche Würde"[50] zu verteidigen gilt.

Die angebliche Fragwürdigkeit objektiv gültiger ethischer Normen ergibt sich auch nicht durch den kaum leugnenden Umstand, daß mit ihnen vor allem im politischen Kampf erheblicher Mißbrauch betrieben wurde und wird. So verblassen in der Perspektive von Robert Michels die ethischen Werte zu einer Waffe, mit der die Bastion des ideologischen Gegners sturmreif zu schießen versucht wird. Ihm zufolge ist „kein sozialer Kampf in der Geschichte ... jemals dauernd gewonnen worden, wenn der Unterliegende nicht vorher bereits moralisch geschwächt worden war"[51]. Dabei waren diejenigen, die sich als Stärkere durchsetzten, immer schon „von dem höheren Werte der ins Feld geführten Argumente"[52] zutiefst überzeugt. Diese Entwürdigung der ethischen Argumentation sollte allerdings nicht dazu verleiten, einer Beliebigkeitsmoral das Wort zu reden. In diesem Zusammenhang macht Leszek Kolakowski darauf aufmerksam, daß auch die fragwürdigste Indienstnahme von Tugendnormen keineswegs ihre prinzipielle Illegitimität unter Beweis stellt. So höre die Freiheit keineswegs auf, „ein Wert zu sein, weil sie als eine Losung, die Ausbeutung, Unterdrückung und Terror heiligen sollte, mißbraucht worden ist"[53]. Dasselbe gilt in nicht minderem Maße für die moralische Botschaft des Christentums. „Die Evangelien hören nicht auf, die Hauptquelle unserer Moral zu sein, weil sich ihr skrupellose Fanatiker bedient haben"[54]. In gleicher Weise gehe das gesellschaftliche Ideal des Sozialismus seines Geltungsgrundes nicht verlustig, „weil sich obskure und tyrannische Mächte seinen Namen angeeignet haben"[55].

Die Vielfalt der heutigen Werteproblematik spiegelt sich auch in der Frage wider, ob die moderne Gesellschaft und ihr Staat nicht notwendigerweise dem Wertepluralismus verpflichtet sind. Gerade derjenige, der die Grenze zwischen dem schönen Schein und der Realität zu ziehen weiß, muß nach Martin

---

[49] *Leszek Kolakowski*: Nach dem Tod des historischen Menschen. Sollen wir sein Ableben bedauern? in: Frankfurter Allgemeine Zeitung Nr. 88, 4. April 1990.

[50] Ebenda.

[51] *Robert Michels*: Zur Soziologie des Parteiwesens in der modernen Demokratie. Neudruck der zweiten Auflage, hrsg. v. *Werner Conze*, Stuttgart 1957, S. 231.

[52] Ebenda S. 232.

[53] *Leszek Kolakowski*: Der Anspruch auf die selbstverschuldete Unmündigkeit, S. 13.

[54] Ebenda.

[55] Ebenda.

Honecker die Gefahr erkennen, daß „ein berechtigter Pluralismus in einer Anarchie der Wertvorstellungen und in willkürlicher Beliebigkeit enden kann“[56]. Aus diesem Grunde sei es vonnöten, diesen „in einen kulturellen Rahmen“[57] einzubetten.

In gleicher Weise treibt auch für Helmut Schmidt ein politisches Gemeinwesen, in dem „der Konsens über elementare Grundwerte verlorengegangen“[58] ist, „auf Anarchie zu“[59]. Dabei liquidiert ein exzessiver Wertepluralismus die freie Politie in dem Maße, in dem dieser den Ruf nach einem ordnungsstiftenden autoritären oder totalitären Regime evoziert. In diesem Falle kommt dann dem „total reglementierenden Staat“[60] die Aufgabe zu, die notwendige Konsensbildung zu schaffen.

Dabei ist der Pluralismus überhaupt nur überlebensfähig, wenn der Staat seiner Aufgabe nachkommt, als Hüter bestimmter, unabdingbarer Grundwerte zu fungieren. In diesem Sinne braucht er auch den Vorwurf nicht zu scheuen, als sittliche Anstalt zu fungieren. Auch wenn Papst Leo XIII. zufolge uns nicht der Staat, sondern die Kirche zum Himmel führen soll[61], enträt das politische Gemeinwesen jedoch nicht der Aufgabe, den Einzelnen „sittlich zu vervollkommnen“[62]. Seine Wirkkraft kann sich also nicht darin erschöpfen, nur als pouvoir neutre gegenüber den Werteüberzeugungen des Systems der Bedürfnisse zu fungieren. Zu seiner unabdingbaren Würde gehört es für Hans Maier, mehr zu sein als „eine Hohlform, in die sich, je nach den Zeitumständen, unterschiedliche, im Zweifel kontroverse Werte der Gesellschaft ‚einlagern‘“[63]. Er kann sich also kaum mit der Minimalfunktion begnügen, „bescheidener Signatar einer werteschaffenden Gesellschaft“[64] zu sein. Dabei werden die Koordinaten seines Handlungsgefüges nicht von ihm selbst, sondern von der über ihm stehenden Sittenordnung bestimmt.

---

[56] *Martin Honecker*: Werte und Leitbilder, in: Werte. Leitbilder. Tugenden. Zur Erneuerung politischer Kultur, hrsg. v. *Klaus Weigelt*, Mainz 1985, S. 55.

[57] Ebenda.

[58] *Helmut Schmidt*: Ethos und Recht in Staat und Gesellschaft, in: Grundwerte in Staat und Gesellschaft, hrsg. v. *Günter Gorschenek*, München 1977, S. 16.

[59] Ebenda.

[60] Ebenda.

[61] *Papst Leo XIII.*: Enzyklika Immortale dei. 1. November 1885, in: Päpstliche Verlautbarungen zu Staat und Gesellschaft, hrsg. v. *Helmut Schnatz*, Darmstadt 1973, S. 109.

[62] *Papst Leo XIII.*: Enzyklika Sapientiae christianae, 10. Januar 1890, in: Päpstliche Verlautbarungen zu Staat und Gesellschaft, S. 215.

[63] *Hans Maier*: Grundwerte in Staat und Erziehung, in: Grundwerte, hrsg. v. *Heinrich Oberreuter, Stuttgart 1980, S. 4.*

[64] Ebenda. Vgl. dazu *Rudolf Uertz*: Zum Problem der politischen Ethik des Christentums, in: Leitlinien politischer Ethik, hrsg. v. *Josef Thesing/Klaus Weigelt*, Melle 1988, S. 52 f.

Wenn in diesem Zusammenhang die moralischen Aufgaben des Staates auf den Hintergrund einer theokratischen Ordnung projiziert werden, dann eignet diesem Versuch der Charakter einer rückwärtsgewandten Utopie. Die Übersteigerungen dieser Ordnungsidee drängen ins Wirklichkeitsfremde. Bei ihr fließt die Wirklichkeit durch das Filter einer allein vergangenheitsorientierten Einstellung[65]. Die Rechtfertigung dieser Auffassung liegt in dem Umstand, daß wir die historische Zeituhr nicht zurückdrehen können. Bernhard Sutor zufolge ist uns „der Weg in eine homogene Gesellschaft eines fraglos gemeinsamen Glaubens und einheitlicher Normierung“[66] versperrt. Man bewegt sich eindeutig in den Dimensionen einer nostalgischen Geschichtsschau, wenn man wie Nicolai Berdiajew ein neues Mittelalter[67] heraufbeschwört. Wenn man nach Montalembert versuchte, „das Mittelalter wieder aufzuwecken“[68], dann wäre das so illusorisch, wie „die Iliade wieder aufzuführen, und eben so unnütz, als die Belagerung von Troja wieder anzufangen“[69]. Dieser liberale Katholik ist bei aller Kritik an der Neuzeit keineswegs willens, ihre Legitimität grundsätzlich infrage zu stellen.

Die Frage, ob wir auch fürderhin in Gefahr sind, uns im Labyrinth eines schier unübersichtlichen Wertewirrwars zu verlieren oder ob eine begründete Hoffnung auf eine Metanoia besteht, wurde immer schon höchst unterschiedlich beantwortet. Nach Pitirim Sorokin gibt es auch für denjenigen, der sich dem Kulturpessimismus keineswegs mit Haut und Haaren verschrieben hat, keinerlei Anlaß, allzu optimistisch in die Zukunft zu blicken. Seiner Auffassung nach wird sich „der Unterschied zwischen wahr und falsch, recht und unrecht, schön und häßlich, positiv und negativ ... weiter verwischen“[70]. Mit der stetig zunehmenden „geistigen und moralischen Atomisierung“[71] könne auch „die geistige und moralische Verwirrung“[72] weiterhin Terraingewinne verbuchen.

Dagegen gehorcht für Leszek Kolakowski die gegenwärtige Wertekrise einer Dynamik, die notwendigerweise eine Neubesinnung zur Folge habe. Obgleich ihr düsteres Gemälde zur Zeit auch noch den kleinsten Lichtstrahl absorbiere,

---

[65] Vgl. dazu *Johann Baptist Müller*: Religion und Politik. Wechselwirkungen und Dissonanzen. Berlin 1997, S. 100 ff.

[66] *Bernhard Sutor*: Politische Ethik, Paderborn/München/Zürich/Wien 1991, S. 160.

[67] *Nicolai Berdiajew*: Das neue Mittelalter, Betrachtungen über das Schicksal Rußlands und Europas. Aus dem Russischen, Tübingen 1950.

[68] *Montalembert*: Die katholischen Interessen im neunzehnten Jahrhundert. Aus dem Französischen, Tübingen 1853, S. 36.

[69] Ebenda.

[70] *Pitirim A. Sorokin*: Die Krise unserer Zeit. Ihre Entstehung und Überwindung. Aus dem Amerikanischen, Frankfurt am Main 1950, S. 257.

[71] Ebenda.

[72] Ebenda.

so würden sich die Menschen in Zukunft doch einer neuen, besseren Werteverfassung verschreiben. Indem das „beginnende dritte ... Jahrtausend“[73] seine „archaischen religiösen Wurzeln“[74] neu entdecke, komme der heute grassierende Werterelativismus zu seinem wohlverdienten Ende.

Dabei ist nach Christopher Dawson die Rückbesinnung auf die abendländisch-christliche Vergangenheit keineswegs das Produkt einer wie immer gearteten freien Wahl. Ihre Rechtfertigung erwächst aus dem Umstand heraus, daß wir uns zwischen Ordnung und Unordnung entscheiden müssen. „ Es bleiben nur zwei Alternativen übrig: Wir können entweder auf halbem Weg stehenbleiben und uns angespannt bemühen, den höheren wirtschaftlichen Lebensstandard aufrechtzuerhalten, der die Hauptrechtfertigung unserer säularisierten Kultur darstellt, oder wir können zu der Tradition zurückkehren, auf der Europa erbaut wurde, und an die ungeheure Aufgabe herangehen, die christliche Kultur wiederherzustellen“[75].

In gleicher Weise ist für T. S. Eliot der Rekurs auf die christliche Tradition zum Standort seiner Zukunftshoffnung geworden. Dies schließt auch die Auffassung ein, daß „das Ende des Christentums ... das Ende unserer ganzen Kultur bedeutete“[76]. Schließlich verdankt ihm jeder europäische Bürger „alles, was er sagt, denkt oder tut“[77]. Gerade aus diesem Blickwinkel heraus ergibt sich die berechtigte Hoffnung, daß eine ethische Metanoia sich auf trotz allem noch vorhandene christliche Strukturen zu stützen in der Lage ist. René Guénon zufolge ist nämlich „ein Stück Christentum ... bis in die antichristliche Gesittung unserer Zeit hineingelangt“[78]. Selbst in den ideologischen Arrangements der fortschrittlichsten Geister sei der Einfluß dieser Religion aufzuspüren. Sie hätten „unbestreitbar einen gewissen, wenigstens mittelbaren christlichen Einfluß ohne eigenes Zutun ... erfahren und erfahren ihn immer noch“[79]. Da die moderne Kultur die „schlummernden Möglichkeiten“[80] des alten Glaubens immer noch in sich trage, komme es nur darauf an, diese zu aktualisieren.

---

[73] *Leszek Kolakowski*: Nach dem Tod des historischen Menschen.

[74] Ebenda.

[75] *Christopher Dawson*: Die Revolution der Weltgeschichte, S. 67.

[76] *T. S. Eliot*: Die Einheit der europäischen Kultur, S. 53.

[77] Ebenda.

[78] *René Guénon*: Die Krisis der Neuzeit, S. 141.

[79] Ebenda.

[80] Ebenda. Allerdings verfestigt sich der Kreuz-Beschluß des Bundesverfassungsgerichtes zum konkreten Befund einer wenig christlichen Einstellung. Kurt Reumann zufolge „vernachlässigt er, daß das Kreuz die wichtigste Wurzel unserer abendländisch-christlichen Kultur ist“ (Frankfurter Allgemeine Zeitung Nr. 189, 16. August 1995). Das Gericht habe mit seinem Urteil „das Recht auf das Nichts“ (ebenda) bekräftigt.

Literaturverzeichnis

Albert, Hans: Konstruktion und Kritik. Aufsätze zur Philosophie des kritischen Rationalismus, Hamburg 1972.

Arendt, Hannah: Macht und Gewalt. Aus dem Amerikanischen. München ^{4}1981.

Arendt, Hannah/*McCarthy*, Mary: Im Vertrauen. Briefwechsel 1949–1975. Aus dem Amerikanischen, hrsg. v. Carl Brightman, München/Zürich 1995.

Aristoteles: Nikomachische Ethik. Nachwort von Franz Dirlmeier, Stuttgart 1980.

Ayer, Alfred Jules: Sprache, Wahrheit und Logik. Aus dem Englischen, hrsg. v. Herbert Herring, Stuttgart 1972.

Bacon, Francis: Essays. Aus dem Englischen, hrsg. v. Levin L. Schücking, Wiesbaden 1940.

— Novum Organum, hrsg. v. Peter Urbach/John Gibson, Chicago/La Salle Illinois, 1994.

Barker, Ernest: Political Thought in England 1848 to 1914, London/New York/Toronto ^{2}1954.

Barrès, Maurice: L'union sacrée, Paris 1915.

Becker, Gary S.: Der ökonomische Ansatz zur Erklärung menschlichen Verhaltens. Aus dem Amerikanischen, Tübingen 1982.

Becker, Gary S./*Becker*, Guity Nashat: Die Ökonomik des Alltags. Aus dem Amerikanischen, Tübingen 1998.

Benda, Julien: Der Verrat der Intellektuellen. Aus dem Französischen, München/Wien 1978,

Benjamin, Walter: Moskau, in: Die Kreatur 2 (1927/28).

Berdiajew, Nicolai: Das neue Mittelalter. Betrachtungen über das Schicksal Rußlands und Europas. Aus dem Russischen, Tübingen 1950.

Berger, Peter L./*Berger*, Brigitte: Eine Einführung in die Soziologie entwickelt aus der Alltagserfahrung. Aus dem Amerikanischen, Reinbek bei Hamburg 1976.

Berlin, Isaiah: Wider das Geläufige. Aufsätze zur Ideengeschichte. Aus dem Englischen, hrsg. v. Henry Hardy, Frankfurt am Main 1982.

— Das krumme Holz der Humanität. Aus dem Englischen, Frankfurt am Main 1992.

— Freiheit. Vier Versuche. Aus dem Englischen, Frankfurt am Main 1995.

Bernanos, Georges: Welt ohne Freiheit. Aus dem Französischen, Wien 1947.

Bernhart, Joseph: Der technisierte Mensch, Augsburg 1946.

Bochenski, J. M.: Wege zum philosophischen Denken, Freiburg/Basel/Wien [8]1969.

Bolz, Norbert: Das kontrollierte Chaos. Vom Humanismus zur Medienwirklichkeit, Düsseldorf/Wien/New York/Moskau 1994.

Bork, Robert H.: Slouching towards Gomorrah. Modern Liberalism and American Decline, New York 1997.

Bourget, Paul: Nouveaux essais de psychologie contemporaine, Paris 1885.

— Le disciple. Préface, Paris 1889.

Brecht, Bertolt: Werke Bd. III, Weimar/Frankfurt am Main 1988.

Brezinka, Wolfgang: Die Pädagogik der neuen Linken, Stuttgart/Degerloch [2]1972.

— Erziehung in einer wertunsicheren Gesellschaft. Beiträge zur praktischen Pädagogik, Basel 1986.

Brinckmann, A. E.: Geist im Wandel. Rebellion und Ordnung, Hamburg 1946.

Brinton, Crane: Ideen und Menschen. Aus dem Amerikanischen, Stuttgart 1950.

Brückner, Peter: Freiheit. Gleichheit. Sicherheit. Von den Widersprüchen des Wohlstands, Frankfurt am Main 1966.

— Die Transformation des demokratischen Bewußtseins, in: Johannes Agnoli/Peter Brückner: Die Transformation der Demokratie, Frankfurt am Main 1968.

Buchanan, James M.: The Economic Theory of Politics Reborn, in: The Challenge, March/April 1988.

Burckhardt, Jacob: Weltgeschichtliche Betrachtungen, hrsg. v. Rudolf Marx, Stuttgart 1938.

Burke, Edmund: Reflections on the Revolution in France. Einführung v. A. J. Grieve, London/New York 1967.

Camus, Albert: Tagebuch, Januar 1942 – März 1951. Aus dem Französischen, Reinbek bei Hamburg 1967.

— Tagebuch, März 1951 – Dezember 1959. Aus dem Französischen, Reinbek bei Hamburg 1991.

Carey, John: Haß auf die Massen. Intellektuelle 1880–1939. Aus dem Englischen, Göttingen 1996.

Carrel, Alexis: Der Mensch, das unbekannte Wesen. Aus dem Amerikanischen, Stuttgart/Berlin 1936.

Cassirer, Ernst: Die Philosophie der Aufklärung. Mit einer Einleitung v. Gerald Hartung, Hamburg 1998.

Cathrein, Victor S. J.: Die Sittenlehre des Darwinismus, Freiburg im Breisgau 1885.

Chadwick, Owen: The Secularization of the European Mind, Cambridge 1985.

Clark, J. C. D.: English Society 1688–1832. Cambridge 1986.

Cobban, Alfred: The Decline of Political Theory, in: Political Science Quarterly LXVIII (1953).

Coleridge, Samuel Taylor: Biographia literaria, hrsg. v. George Watson, London/New York 1956.

Condorcet: Bericht über die allgemeine Organisation des öffentlichen Unterrichtswesens, in: Erziehungsprogramme der Französischen Revolution. Aus dem Französischen, eingeleitet und erläutert v. Robert Alt, Berlin/Leipzig 1949.

— Entwurf einer historischen Darstellung der Fortschritte des menchlichen Geistes. Aus dem Französischen, hrsg. v. Wilhelm Alff, Frankfurt am Main 1963.

Cooper, David: Psychiatrie und Anti-Psychiatrie. Aus dem Englischen, Frankfurt am Main 1971.

— Von der Notwendigkeit der Freiheit. Aus dem Englischen, Frankfurt am Main 1976.

Croce, Benedetto: Grundlagen der Politik. Aus dem Italienischen, München 1924.

Dawson, Christopher: Die Revolution der Weltgeschichte. Aus dem Englischen, München 1960.

Descartes, René: Discours de la méthode, Paris 1943.

Dibelius, Martin: Über die Zerstörung der Bürgerlichkeit. Ein Vortrag im Heidelberger Marianne-Weber-Kreis 1932, hrsg. v. Friedrich Wilhelm Graf, in: Zeitschrift für neuere Theologiegeschichte 4 (1997).

Dilthey, Wilhelm: Gesammelte Schriften, Bd. IV, Stuttgart/Göttingen ^{5}1968.

Dodel, A.: Aus Leben und Wissenschaft. Stuttgart ^{3}1909.

The Poems of John Donne, hrsg. v. Herbert Grierson, London/New York/Toronto 1949.

Dubiel, Helmut: Der Fundamentalismus der Moderne, in: Merkur 46 (1992).

Duczynska, Ilona: Zum Zerfall der K. P. U., in: Unser Weg. Zeitschrift für kommunistische Ethik 4 (1922).

Durkheim, Émile: Erziehung, Moral und Gesellschaft, hrsg. v. Ludwig Schmidts, Neuwied am Rhein/Darmstadt 1973.

Dürrenmatt, Peter: Zerfall und Wiederaufbau der Politik, München 1951.

Eliot, T. S.: Die Einheit der europäischen Kultur. Aus dem Englischen. Berlin 1946.

Evertz, Alexander: Der Abfall der evangelischen Kirche vom Vaterland, Velbert/Kettwig ^{3}1965.

Ferri, Enrico: Sozialismus und moderne Wissenschaft. Aus dem Italienischen, Leipzig 1896.

Fest, Joachim C.: Aufgehobene Vergangenheit. Portraits und Betrachtungen, Stuttgart 1981.

Fester, Richard: Die Säkularisation der Historie, in: Historische Vierteljahresschrift 11 (1908).

Flitner, Wilhelm: Europäische Gesittung, Zürich/Stuttgart 1961.

Forster, Georg: Physiognomie eines Revolutionsjahres. Erinnerungen aus dem Jahre 1790, hrsg. v. Gert Ueding, Tübingen 1995.

Freyer, Hans: Das industrielle Zeitalter und die Kulturkritik, in: Wo stehen wir Heute?, hrsg. v. H. Walter Bähr, Gütersloh ^{6}1962.

Friedrich, Carl J.: Das Zeitalter des Barock. Kultur und Staaten Europas im 17. Jahrhundert. Aus dem Amerikanischen, Stuttgart 1954.

Gehlen, Arnold: Moral und Hypermoral. Eine pluralistische Ethik, Frankfurt am Main 1973.

— Was ist Glück?, in: Ein Symposion der Carl Friedrich von Siemens Stiftung, München 1976.

Geiger, Theodor: Demokratie ohne Dogma. Die Gesellschaft zwischen Pathos und Nüchternheit. München 1963.

Gerken, Gerd: Die Geburt der neuen Kultur. Düsseldorf/Wien/NewYork 1988.

Giddens, Anthony: Warum ist das Rentenalter eine Fiktion, Professor Giddens? Ein Interview von Patrick Barton, in: Frankfurter Allgemeine Magazin, Heft 961, 31. Juli 1998.

Gizycki, Horst v.: Aufbruch aus dem Neandertal. Entwurf einer neuen Kommune. Eine Streitschrift, Darmstadt und Neuwied 1974.

Glanvill, Joseph: Essays on Several Important Subjects in Philosophy and Religion (1676). Essay Nr. 3, Stuttgart/Bad Cannstatt 1970.

— Scepsis Scientifica (1665), New York/London 1978.

Glotz, Peter: Gegen die Versetzung des Schiffsgeistlichen auf die Brücke, in: Süddeutsche Zeitung Nr. 50, 1. März 1995.

Goebel, Johannes/*Clermont*, Christoph: Die Tugend der Orientierungslosigkeit, Berlin ^{3}1998.

Goethe, Johann Wolfgang: Wahrheit und Dichtung, in: Goethes Werke, hrsg. v. Heinrich Düntzer, Stuttgart/Leipzig ^{7}1898.

Gross, Johannes: Gehorsam als christliche Tugend. Eine Laienpredigt, in: Frankfurter Allgemeine Zeitung Nr. 298, 4. Dezember 1981.

Guénon, René: Die Krisis der Neuzeit. Aus dem Französischen, Köln 1950.

Guicciardini, Francesco: Das politische Erbe der Renaissance (‚Riocordi'). Aus dem Italienischen, hrsg. v. Ernesto Grassi, Bern 1946.

Hallowell, John H.: The Decline of Liberalism, in: Ethics LII (1942).

— Modern Liberalism. An Invitation to Suicide, in: South Atlantic Quarterly XLVI (1947).

— The Moral Foundation of Democracy, Chicago/London 1954.

Hartmann, Nicolai: Ethik, Berlin/Leipzig 1928.

Hass, Hermann: Sitte und Literatur im Nachkriegsdeutschland, Hamburg 1932.

Haycraft, John B.: Natürliche Auslese und Rassenverbesserung. Aus dem Englischen, Leipzig 1895.

Hayek, Friedrich August von: Der Weg zur Knechtschaft. Aus dem Englischen, Erlenbach/Zürich 1952.

— Sozial – ein Schwammwort. Leserbrief an die Frankfurter Allgemeine Zeitung Nr. 85, 10. April 1967.

— Die drei Quellen der menschlichen Werte, Tübingen 1979.

— Recht, Gesetzgebung und Freiheit. Bd. I: Regeln und Ordnung. Aus dem Amerikanischen, Landsberg [2]1980.

— Die Anmaßung von Wissen, hrsg. v. Wolfgang Kerber, Tübingen 1996.

Heer, Friedrich: Quellgrund dieser Zeit, Einsiedeln 1956.

Hegel, G. W. F.: Grundlinien der Philosophie des Rechts, hrsg. v. Hermann Glockner, in: Werke Bd. VII, Stuttgart 1952.

Heller, Agnes: Undialektische Dialektik. Der Stand der Aufklärung in Europa, in: Leviathan 25 (1997).

Helvétius, Claude-Adrien: Vom Geist. Aus dem Französischen, Berlin/Weimar 1973.

Herder, Johann Gottfried: Ideen zur Philosophie der Geschichte der Menschheit. Mit einem Vorwort v. Gerhard Schmidt, Wiesbaden o. J.

Herkner, Heinrich: Die Arbeiterfrage, Bde. I–II, Berlin [6]1916.

Himmelfarb, Gertrude: On Liberty and Liberalism. The Case of John Stuart Mill, San Francisco Cal. 1990.

— The De-Moralization of Society, New York 1994.

Hirschfeld, Gerhard: Die Universität Leiden unter dem Nationalsozialismus, in: Geschichte und Gesellschaft 23 (1997).

Höffe, Otfried: Eine entmoralisierte Moral: Zur Kritik der modernen Politik, in: Politische Vierteljahresschrift 32 (1991).

— Individuum und Gemeinsinn. Thesen zu einer Sozialethik des 21. Jahrhunderts, in: Neue Zürcher Zeitung. Internationale Ausgabe Nr. 116, 20./21. Mai 1995.

— Moral und Erziehung. Zur philosophischen Begründung der Moderne, in: Ethik ohne Religion?, hrsg. v. Christof Gestrich, Beihefte zur Berliner Theologischen Zeitschrift 13 (1996).

Hoeres, Walter: Konservative Politik – heute noch?, in: Criticón Heft 18, Juli/August 1973.

— Der Aufstand gegen die Ewigkeit. Kirche zwischen Tradition und Selbstzerstörung, Stein am Rhein 1984.

— Der Einzelne oder das größte Glück der größten Zahl – die Unantastbarkeit der Person in der pluralistischen Gesellschaft, Ulm 1989.

— Offenheit und Distanz. Grundzüge einer phänomenologischen Anthropologie, Berlin 1993.

Artikel *Homme* (Morale): Encyclopédie ou dictionnaire raisonné des sciences, des arts et des métiers. Bd. VIII. Neufchastel 1765. Nachdruck Stuttgart/Bad Cannstatt 1967.

Honecker, Martin: Werte und Leitbilder, in: Werte, Leitbilder, Tugenden, hrsg. v. Klaus Weigelt, Mainz 1985.

Horkheimer, Max: Zum Begriff des Menschen heute, in: Der wiederentdeckte Mensch. Eine Vortragsreihe der Arbeitsgemeinschaft sozialdemokratischer Akademiker, München 1958.

Hornung, Klaus: Die Krise des Fortschritts und das konservative Denken, in: Mut Nr. 277, September 1990.

Horx, Matthias: Das Ende der Alternativen. Was aus den Kommunen, den Aussteigern und Spontis geworden ist, München 1987.

Hübner, Kurt: Fichte, Sartre und der Nihilismus, in: Der Nihilismus als Phänomen der Geistesgeschichte in der wissenschaftlichen Diskussion unseres Jahrhunderts, hrsg. v. Dieter Arendt, Darmstadt 1974.

Hughes, Robert: Why watch it, anyway, in: The New York Review of Books, February 16, 1995.

Huizinga, Johan: Im Schatten von morgen. Eine Diagnose des kulturellen Leidens unserer Zeit. Aus dem Niederländischen, Bern/München 1935.

— Wenn die Waffen schweigen. Die Aussichten auf Genesung unserer Kultur. Aus dem Niederländischen, Zürich/Bruxelles 1945.

Hunt, Freeman: Worth and Wealth, New York 1857.

Huxley, Thomas H.: Soziale Essays. Mit einer Einleitung v. Alexander Tille, Weimar 1897.

Ionesco, Eugène: Gegengifte. Aus dem Französischen, München 1979.

Isensee, Josef: Am Ende der Demokratie – oder am Anfang?, Berlin 1995.

Jantsch, Erich: Die Selbstorganisation des Universums. Vom Urknall zum menschlichen Geist, München 1992.

Jaspers, Karl: Wo stehen wir heute?, in: Wo stehen wir heute?, hrsg. v. H. Walter Bähr, Gütersloh ^{6}1962.

Johannes Paul II. Papst: Enzyklika Laborem exercens. 14. September 1981, Bonn 1981.

— Enzyklika Veritas splendor. 6. August 1993, Bonn 1993.

— Exklusiv-Interview mit der Zeitschrift „Die Woche“, 4. November 1993.

Jordan, E.: The Role of Philosophy in Social Crisis, in: Ethics LI (1941).

Kant, Immanuel: Kritik der praktischen Vernunft, hrsg. v. Raymund Schmidt, Leipzig 1928.

Kantzenbach, Friedrich Wilhelm: Der Weg der evangelischen Kirche vom 19. zum 20. Jahrhundert, Gütersloh 1968.

Kaufmann, Franz-Xaver: Was hält die Gesellschaft heute zusammen?, in: Frankfurter Allgemeine Zeitung Nr. 255, 4. November 1997.

Kautsky, Karl: Vermehrung und Entwicklung in Natur und Gesellschaft, Stuttgart 1910.

Kidd, Benjamin: Social evolution. New edition, New York/London 1894.

Kelsen, Hans: Vom Wesen und Wert der Demokratie, Aalen ²1963.

— Das Problem des Parlamentarismus, Darmstadt ²1968.

Kerridge, Roy: Criminal Children, in: The Salisbury Review 17 (1999).

Kipling, Rudyard. Das II. Dschungelbuch. Aus dem Englischen, hrsg. v. Gisbert Haefs, Zürich 1991.

Klages, Helmut: Wertwandel und politisches Handeln. Zur politischen Kultur der Bundesrepublik Deutschland, in: Werte. Leitbilder. Tugenden. Zur Erneuerung politischer Kultur, hrsg. v. Klaus Weigelt, Mainz 1985.

Kluckhohn, Clyde: Ethical Relativity. Sic et non, in: The Journal of Philosophy 52 (1955).

Koch, Klaus: Im Diesseits des Kapitalismus, in: Merkur 51 (1977).

— Die Gier des Marktes. Die Ohnmacht des Staates im Kampf der Weltwirtschaft, München/Wien 1995.

— Das Ende des Selbstbetrugs. Europa braucht eine Verfassung, München/Wien 1997.

Kolakowski, Leszek: The Priest and the Jester. Reflections on the Theological Heritage in Contemporary Thought, in: The Modern Polish Mind. An Anthology, hrsg. v. Maria Kuncewicz, London 1963.

— Der Anspruch auf selbstverschuldete Unmündigkeit, in: Vom Sinn der Tradition, hrsg. v. Leonhard Reinisch, München 1970.

— Wo sind die Barbaren?, in: Der Monat Nr. 227, 1980.

— Nach dem Tod des historischen Menschen. Sollen wir sein Ableben bedauern?, in: Frankfurter Allgemeine Zeitung Nr. 88, 14. April 1990.

Kollontai, Alexandra: Die Situation der Frau in der gesellschaftlichen Entwicklung. Aus dem Schwedischen, hrsg. v. Tilman Fichter, Frankfurt am Main 1975.

Kraus, Hans-Christof: Verlust der Tradition, in: Abschied vom Abendland?, hrsg. v. Klaus Motschmann, Graz/Stuttgart 1997.

— Ernst Brandes und der deutsche Zeitgeist, in: Zeitschrift für Geschichtswissenschaft 47 (1999).

Kristol, Irving: Two Cheers of Capitalism, New York 1978.

Kromka, Franz: Vitalreserven der Marktwirtschaft, Zürich/Osnabrück 1995.

Landgrebe, Ludwig: Philosophie der Gegenwart, Frankfurt am Main/Berlin 1961.

Landmann, Michael: Aufstieg und Niedergang des Individuums, in: Auf dem Weg zur hörigen Gesellschaft, hrsg. v. Oskar Schatz, Graz/Wien/Köln 1873.

Lasch, Christopher: Die Bedrohung der Familie in der modernen Welt. Aus dem Amerikanischen, München 1981.

Lawrence, D. H.: The Collected Letters. Bd. I, hrsg. v. Harry T. Moore, London/Melbourne/Toronto 1962.

— The Letters Bd. I, hrsg. v. James T. Boulton, Cambridge 1979.

Lenin: Ausgewählte Werke. Aus dem Russischen, Bindlach 1987.

Liechtenstein, Vincenz/*Edlitz*, Johannes (Hrsg.): Grundwerte Europas, Graz/Stuttgart 1994.

Leo XIII. Papst: Enzyklika Immortale dei. 1. November 1885, in: Päpstliche Verlautbarungen zu Staat und Gesellschaft, hrsg. v. Helmut Schnatz, Darmstadt 1973.

— Enzyklika Sapientiae christianae. 10. Januar 1890, in: Päpstliche Verlautbarungen zu Staat und Gesellschaft, hrsg. v. Helmut Schnatz, Darmstadt 1973.

Lewis, Marlo: The Achilles Heel of F. A. Hayek, in: The National Review May 17, 1985.

Liebknecht, Karl: Lebt wohl, ihr lieben Kerlchen. Briefe an seine Kinder, hrsg. v. Anneliese Laschitza/Elke Keller, Berlin 1992.

Liminski, Jürgen: Die Medien und der Mythos von der Wahrheit, in: Stephan Rehder/Matthias Wolff (Hrsg.): Der Wahrheit verpflichtet, Würzburg 1998.

List, Friedrich: Das nationale System der Politischen Ökonomie, Stuttgart/Berlin ^{8}1925.

Lobkowicz, Nikolaus: Zur philosophischen Problematik des Wertewandels, in: Wertewandel – Rechtswandel. Perspektiven auf die gefährdeten Voraussetzungen unserer Demokratie, Gräfelfing 1997.

Locke, John: An Essay Concerning Human Understanding, Bde. I–II, London 1793.

Löwenthal, Richard: Zur Umwertung unserer Werte, in: L'76 11 (1979).

Lotze, Hermann: Mikrokosmos. Ideen zur Naturgeschichte und Geschichte der Menschheit. Bd. II, Leipzig ^{3}1989.

Luckmann, Thomas: Das Problem der Religion in der modernen Gesellschaft, Freiburg im Breisgau 1963.

Lübbe, Hermann: Miesmacher haben Konjunktur, in: Rheinischer Merkur/Christ und Welt Nr. 36, 4. September 1981.

— Politischer Moralismus. Berlin 1987.

Luhmann, Niklas: Paradigm lost. Die ethische Reflexion der Moral, Stuttgart 1988.

Macaulay, Thomas: Machiavelli. Aus dem Englischen. Vorwort v. Eberhard Straub, Heidelberg 1994.

MacIntyre, Alasdair: Der Verlust der Tugend. Zur moralischen Krise der Gegenwart. Aus dem Englischen, Frankfurt/New York 1987.

Maier, Hans: Grundwerte in Staat und Erziehung, in: Grundwerte, hrsg. v. Heinrich Oberreuter, Stuttgart 1980.

— Im Flutlicht sieht man jedes Foul, in: Die Welt Nr. 53, 3. März 1990.

— Verteidigung der Politik. Zürich 1990.

Mandeville, Bernard de: The Fable of the Bees, hrsg. v. Philip Harth, Harmondsworth 1989.

Mann, Klaus: Die Heimsuchung des europäischen Geistes, hrsg. v. Martin Gregor-Dellin, München 1973.

Mannheim, Karl: Mensch und Gesellschaft im Zeitalter des Umbaus. Aus dem Englischen, Darmstadt 1958.

Marcuse, Herbert: Ethik und Revolution, in: Kultur und Gesellschaft, Bd. II, Frankfurt am Main 1965.

— Repressive Toleranz, in: Robert Wolff/Barrington Moore/Herbert Marcuse: Kritik der reinen Toleranz, Frankfurt am Main ^{3}1967.

— Psychoanalyse und Politik, Frankfurt am Main ^{3}1968.

Maritain, Jacques: Durch die Katastrophe. Aus dem Französischen N. Y. o. J.

Martin, Alfred: Ordnung und Freiheit. Frankfurt am Main 1956.

Martini, Carlo Maria/*Eco*, Umberto: Woran glaubt, wer nicht glaubt? Aus dem Italienischen, Wien 1998.

Matz, Ulrich: Ökonomismus, Hedonismus und Leitbilder der Demokratie, in: Werte. Leitbilder. Tugenden, hrsg. v. Klaus Weigelt, Mainz 1985.

Marx, Karl: Theorien über den Mehrwert. Vierter Bd. des ‚Kapitals'. Teil I, Berlin 1956.

Marx, Karl/*Engels*, Friedrich: Ausgewählte Schriften in zwei Bden., Berlin 1952.

Maurras, Charles: Trois idées politiques. Paris 1912.

— La seule France. Paris 1941.

Meinberg, Eckhard: Das Menschenbild der modernen Erziehungswissenschaft, Darmstadt 1988.

Michels, Robert: Probleme der Sozialphilosophie, Leipzig/Berlin 1914.

— Zur Soziologie des Parteiwesens in der modernen Demokratie. Neudruck der zweiten Auflage, hrsg. v. Werner Conze, Stuttgart 1957.

Mill, John Stuart: Über Freiheit. Aus dem Englischen, hrsg. v. Achim v. Borries, Frankfurt am Main/Wien 1969.

Milosz, Czeslaw: Rede bei der Verleihung des Nobelpreises für Literatur am 10. Dezember 1980, in: Neue Zürcher Zeitung Fernausgabe Nr. 301, 28./29. Dezember 1980.

Milton, John: Zur Verteidigung der Freiheit. Aus dem Englischen, Leipzig 1987.

Mirgeler, Albert: Geschichte und Gegenwart, Freiburg/München 1965.

Mises, Ludwig v.: Die Wurzeln des Antikapitalismus. Aus dem Amerikanischen, Frankfurt am Main 1958.

Mombert, Paul: Geschichte der Nationalökonomie. Jena 1927.

Montalembert: Die katholischen Interessen im 19. Jahrhundert. Aus dem Französischen, Tübingen 1853.

Müller, Johann Baptist: Die politischen Ideenkreise der Gegenwart, Berlin 1992.

— Reinhold Niebuhrs Demokratielehre, in: Politisches Denken. Jahrbuch 1994.

— Sozialdarwinismus, in: Historisches Wörterbuch der Philosophie. Bd. IX, hrsg. v. Joachim Ritter/Karlfried Gründer, Basel 1995.

— Religion und Politik. Wechselwirkungen und Dissonanzen, Berlin 1997.

— Die soziale Frage – der blinde Fleck der ‚Chicago School', in: Berliner Debatte. Initial 9 (1998); nachgedruckt in: Zeitschrift für Ganzheitsforschung 42 (1998).

— Die Staatslehre Friedrich Julius Stahls, in: IFS-Nachrichten, hrsg. v. Rüdiger Voigt, München 1999.

Münkler, Herfried: Im Namen des Staates. Zur Begründung der Staatsraison in der frühen Neuzeit, Frankfurt am Main 1987.

Musset, Alfred de: Bekenntnisse eines Kindes seiner Zeit. Aus dem Französischen, Berlin 1915.

Neumann, Harry: The Death of God and the Problem of Altruism, in: Zeitschrift für Religions- und Geistesgeschichte 21 (1969).

Niebuhr, Reinhold: Jenseits der Tragödie. Bemerkungen zu einer christlichen Deutung der Geschichte. Aus dem Amerikanischen, München 1947.

Nietzsche, Friedrich: Werke Bde. I–III, hrsg. v. Karl Schlechta, München [2]1960.

Noack, Paul: Die gespaltene Zukunft. Wird jetzt alles anders?, in: Frankfurter Allgemeine Zeitung Nr. 300, 27. Dezember 1997.

Noelle-Neumann, Elisabeth: Wertewandel in der öffentlichen Meinung, in: Hermann Lübbe/Elisabeth Noelle-Neumann/Hans-Peter Repnik: Werte im pluralistischen Staat, Sankt-Augustin 1997.

Nürnberger, Christian: Mord am Sonntag. Wer Werte zur Disposition stellt, hat sie schon aufgegeben, in: Süddeutsche Zeitung Nr. 83, 9./10. April 1998.

Ortega y Gasset, José: Der Aufstand der Massen. Aus dem Spanischen, Stuttgart 1947.

Orwell, George: Im Innern des Wals. Erzählungen und Essays. Aus dem Englischen, Zürich 1975.

Parry, J. P.: Democracy and Religion. Gladstone and the Liberal Party. 1867–1875, Cambridge 1989.

Pascal, Blaise: Über die Religion (Pensées). Aus dem Französischen, hrsg. v. Ewald Wasmuth, Tübingen 1948.

Pico della Mirandola, Giovanni: Die Würde des Menschen. Aus dem Italienischen, Fribourg/Frankfurt am Main/Wien [2]o. J.

Pieper, Josef: Tugend, in: Handbuch theologischer Grundbegriffe Bd. II, hrsg. v. Heinrich Fries, München 1963.

Platon: Sämtliche Dialoge, Bde. I und III, hrsg. v. Otto Apelt, Hamburg 1998.

Polanyi, Michael: Jenseits des Nihilismus. Aus dem Englischen, Dordrecht, Holland/ Stuttgart 1961.

Popper, Karl Raimund: Conjectures and Refutations, London 1963.

— Ich bin ein Optimist, der nichts über die Zukunft weiß, in: Süddeutsche Zeitung Nr. 136, 15./16. Juni 1991.

Pribilla, Max: Deutsche Schicksalsfragen, Frankfurt am Main 1950.

Pribram, Karl: Die Entstehung der individualistischen Sozialphilosophie, Leipzig 1912.

Prince-Smith, John: Gesammelte Schriften Bd. I, hrsg. v. Otto Michaelis, Berlin 1877.

Prodl, Ferdinand S. J.: Gesellschaftslehre, Wien 1936.

Ratzinger, Joseph Kardinal: Vom Wiederauffinden der Mitte. Grundorientierungen. Texte aus vier Jahrhunderten, Freiburg/Basel/Wien 1997.

Reck-Malleczewen, Friedrich Percyval: Bockelson. Geschichte eines Massenwahns, Wiesentheid 1946.

— Das Ende der Termiten. Ein Versuch über die Biologie des Massenmenschen. Fragment, Lorch/Württ., Stuttgart 1946.

— Charlotte Corday, Geschichte eines Attentats. Wiesentheid 1947.

— Tagebuch eines Verzweifelten, Vorwort v. Klaus Harpprecht, Stuttgart 1966.

Recktenwald, Horst Claus: Ökonomische und christliche Ethik. Mißverständnis trotz zahlreicher Gemeinsamkeiten, in: Neue Zürcher Zeitung Fernausgabe Nr. 48, 26. Februar 1988.

Reich, Charles: Die Welt wird jung. The Greening of America. Der gewaltlose Aufstand der neuen Generation. Aus dem Amerikanischen, Wien/München/Zürich 1971.

Renan, Ernest: Feuilles détachées. Paris [4]1892.

Reumann, Kurt: Das Recht auf das Nichts, in: Frankfurter Allgemeine Zeitung Nr. 189, 16. August 1995.

Richter, Horst E.: Lernziel Solidarität, Reinbek bei Hamburg [4]1975.

Rilke, Rainer Maria: Die Apostel, in: Erzählungen und Skizzen aus der Frühzeit, Leipzig 1928.

Rintelen, Joachim: Der Wertgedanke in der europäischen Geistesentwicklung, Halle (Saale) 1932.

Ritter, Gerhard: Vom sittlichen Problem der Macht, Bern/München [2]1962.

Roberts, Michael: Die Erneuerung des Westens. Aus dem Englischen, Zürich/New York 1941.

Rodbertus, Carl: Gesammelte Werke und Schriften Bd. I, Osnabrück 1971.

Röhl, Bettina: „Normal zu werden ist eine große Kunst", in: Die wilden Achtziger. Eine Zeitgeist-Reise durch die Bundesrepublik, hrsg. v. Matthias Horx, München 1987.

Röpke, Wilhelm: Jenseits von Angebot und Nachfrage, Erlenbach/Zürich/Stuttgart ³1958.

— Wirrnis und Wahrheit. Ausgewählte Aufsätze, Erlenbach/Zürich/Stuttgart 1962.

— Wort und Wirkung, hrsg. v. Walter Hoch, Ludwigsburg 1964.

— Die Gesellschaftskrisis der Gegenwart, Erlenbach/Zürich/Stuttgart ⁵1981.

Rogalla v. Bieberstein, Johannes: Wer will in der Rheinischen Landeskirche die christliche Ehe schlachten?, in: Bekenntnisbewegung Kein anderes Evangelium. Regionale Informationen für das Rheinland Nr. 41, Dezember 1998.

Rohrmoser, Günter: Der Ernstfall, Berlin/Frankfurt am Main 1994.

Romig, Friedrich: Wirtschaft der Mitte, Salzburg 1955.

Rommen, Heinrich: Die ewige Wiederkehr des Naturrechts, München ²1947.

Rosenberg, Alfred: Der Mythus des 20. Jahrhunderts. Eine Wertung der seelisch-geistigen Gestaltenkämpfe unserer Zeit, München ⁴⁹/⁵⁰1935.

Rosenstock-Huessy, Eugen: Der unbezahlbare Mensch. Mit einem Vorwort v. Walter Dirks, Freiburg im Breisgau 1964.

Ross, Jan: Die verlorene Schuld, in: Frankfurter Allgemeine Zeitung Nr. 192, 19. August 1995.

— Die neuen Staatsfeinde, Berlin 1998.

Roszak, Theodore: Gegenkultur. Aus dem Amerikanischen, Düsseldorf/Wien 1971.

— Der Verlust des Denkens. Über die Mythen des Computer-Zeitalters. Aus dem Amerikanischen, München 1986.

Rüstow, Alexander: Die Zukunft als Wille und Vorstellung, in: Die offene Welt Nr. 76, Juni 1962.

Russell, Bertrand: Wissenschaft wandelt das Leben. Aus dem Englischen, München 1953.

— Erprobung des Glücks. Neue Wege zu einer besseren Lebensgestaltung. Aus dem Englischen, Frankfurt am Main ³1980.

— Philosophy and Politics (1947), in: Last Philosophical Testament 1943–1968, London/New York 1997.

Saitschick, Robert: Die geistige Kraft der europäischen Menschheit. Eine in die Zeit hineinleuchtende Betrachtung, Zürich 1924.

Sartre, Jean Paul: Ist der Existentialismus ein Humanismus?, Aus dem Französischen, Zürich 1947.

— Vorwort zu Frantz Fanon: Die Verdammten der Erde. Aus dem Französischen, Reinbek bei Hamburg 1969.

Schabert, Thilo: Gewalt und Humanität. Über philosophische und politische Manifestation von Modernität, Freiburg/München 1978.

— Modernität und Geschichte. Das Experiment der modernen Zivilisation, Würzburg 1990.

Schafarewitsch, Igor R.: Der Todestrieb in der Geschichte. Erscheinungsformen des Sozialismus. Aus dem Russischen, Frankfurt am Main/Berlin/Wien 1980.

Scheler, Max: Schriften zur Soziologie und Weltanschauungslehre, hrsg. v. Maria Scheler, Bern/München ²1963.

— Die Rehabilitierung der Tugend, in: Vom Umsturz der Werte. Abhandlungen und Aufsätze, Bern/München ⁵1972.

Schilling, Otto: Christliche Gesellschaftslehre. Freiburg im Breisgau 1933.

Schlamm, William S.: Vom Elend der Literatur. Pornographie und Gesinnung, Stuttgart-Degerloch 1966.

Schlegel, Friedrich: Studien zur Geschichte und Politik, hrsg. v. Ernst Behler, München/Paderborn/Wien 1966.

Schmidt, Helmut: Ethos und Recht in Staat und Gesellschaft, in: Grundwerte in Staat und Gesellschaft, hrsg. v. Günter Gorschenek, München 1977.

— Auf der Suche nach einer öffentlichen Moral. Stuttgart 1998.

Schmitt, Carl: Zu Friedrich Meineckes ‚Idee der Staatsraison', in: Archiv für Sozialwissenschaften 56 (1926).

— Die Tyrannei der Werte, in: Carl Schmitt/Eberhard Jüngel/Sepp Schelz: Die Tyrannei der Werte, hrsg. v. Sepp Schelz, Hamburg 1979.

Schöndorfer, Ulrich: Der Fortschrittsglaube des Liberalismus und Positivismus, in: Der Fortschrittsglaube. Sinn und Gefahren. Festschrift für Dr. Franz König, Erzbischof von Wien, Graz/Wien/Köln 1965.

Schoeps, Hans-Joachim: Konservative Erneuerung. Stuttgart 1950.

— Der Radikalisierung entgegentreten, in: Die Welt Nr. 302, 29. Dezember 1967.

— Deutschland droht die Anarchie, Mainz ³1972.

Schütt, Peter: Der alte Adam wird verdammt in alle Ewigkeit, in: Die Welt. Geistige Welt, 7. Mai 1994.

Schweizer, Jörg Erwin: Wilhelm Röpke. Arbeit zur Erlangung des akademischen Grades Magister Artium. Institut für Politikwissenschaft der Universität Stuttgart 1987.

Shaw, George Bernard: Mensch und Übermensch. Aus dem Englischen, Berlin $^{5/6}$1921.

Smith, Adam: Inquiry into the Nature and Causes of the Wealth of Nations, hrsg. v. J.R. M'Culloch, Edinburgh 1870.

Solschenizyn, Alexander: Eingehüllt in Wolken von falschen Lehren. Igor Schafarewitsch über die Widersprüche des Sozialismus, in: Die Welt Nr. 2, 3. Januar 1981.

— Das Ende der Kultur. Die Macht des Geldes, in: Welt am Sonntag Nr. 44, 2. November 1997.

Somervell, D. C.: Geistige Strömungen in England im 19. Jahrhundert. Aus dem Englischen. Bern 1946.

Sorokin, Pitirim A.: Die Krise unserer Zeit. Ihre Entstehung und Überwindung. Aus dem Amerikanischen, Frankfurt am Main 1950.

— Die Wiederherstellung der Menschenwürde. Aus dem Amerikanischen, Frankfurt am Main 1952.

Spaemann, Robert: Sinnstiftung in einer hypothetischen Zivilisation, in: Neue Zürcher Zeitung Fernausgabe Nr. 277, 26. November 1976.

— Zur Kritik der politischen Utopie, Stuttgart 1977.

— Gut und Böse – relativ? Über die Allgemeinheit sittlicher Normen, Freiburg 1982.

— Moralische Grundbegriffe, München ^{5}1994.

— Philosophische Essays. Erweiterte Ausgabe. Stuttgart 1994.

Sperber, Manès: Das Klischee von der unheilen Welt, in: Süddeutsche Zeitung Nr. 172, 28./29. Juli 1975.

Stahl, Friedrich Julius: Staatslehre auf der Grundlage christlicher Weltanschauung, in: Die Philosophie des Rechts Bd. III, Heidelberg ^{3}1856.

Stark, Rodney: The Rise of Christianity. A Sociologist Reconsiders History, Princeton N. J. 1996.

Steinbüchel, Theodor: Christliches Mittelalter. Leipzig 1935.

— Zerfall des christlichen Ethos im XIX. Jahrhundert, Frankfurt am Main 1951.

Steinen, Wolfram von den: Geschichte als Lebenselement, Bern/München 1969.

Sutor, Bernhard: Politische Ethik, Paderborn/München/Zürich/Wien 1991.

Thielicke, Helmut: An die Deutschen, Tübingen ^{2}1962.

— Mensch sein – Mensch werden. Entwurf einer christlichen Anthropologie, München/Zürich 1976.

Thureau-Dangin, Philippe: Die Beine der Konkurrenz, in: Frankfurter Allgemeine Zeitung Nr. 212, 12. September 1998.

— Die Ellbogen-Gesellschaft. Vom zerstörerischen Wesen der Konkurrenz. Aus dem Französischen, Frankfurt am Main 1998.

Tille, Alexander: Ostlondon als Nationalheilstatt, in: Die Zukunft 5(1893).

— Der soziale Ultramontanismus und seine „Katholischen Arbeitervereine“, Berlin 1905.

Toller, Ernst: Gesammelte Werke Bd. II, hrsg. v. John M. Spalik/Wolfgang Frühwald, München 1978.

Treitschke, Heinrich v.: Politik Bde. I–II, hrsg. v. Max Cornicelius, Leipzig [4]1918.

Trotzki, Leo: Ihre Moral und unsere. Aus dem Russischen, Mainz 1972.

— Literatur und Revolution. Aus dem Russischen, München 1972.

Turgot: Über die Fortschritte des menschlichen Geistes. Aus dem Französischen, hrsg. v. Johannes Rohbeck/Lieselotte Steinbrügge, Frankfurt am Main 1990.

Uertz, Rudolf: Zum Problem der politischen Ethik, in: Leitlinien politischer Ethik, hrsg. v. Josef Thesing/Klaus Weigelt, Melle 1988.

Valadier, Paul S. J.: La justice sociale, un mirage? A propos du Libéralisme de F. A. Hayek, in: Études Bd. 358, 1983.

Valéry, Paul: Amt und Geheimnis der Académie Française. Aus dem Französischen, Jena 1948.

Voegelin, Eric: Wissenschaft als Aberglaube, in: Wort und Wahrheit 6 (1951).

Voltaire: Siècle de Louis XIV., Paris 1856.

Vovelle, Michel (Hrsg.): Der Mensch der Aufklärung. Aus dem Französischen. Frankfurt am Main 1998.

Weaver, Richard M.: Ideas have Consequences, Chicago 1948.

Weber, Alfred: Mensch und Gesellschaft. Versuch einer geistigen Bestandsaufnahme, hrsg. v. der Arbeitsgemeinschaft sozialdemokratischer Akademiker, Nürnberg 1954.

Weber, Max: Soziologie. Weltgeschichtliche Analysen. Politik, hrsg. v. Johannes Winckelmann, Stuttgart 1956.

Wehowsky, Stephan: Die Kultur der Barbarei, in: Neue Zürcher Zeitung. Internationale Ausgabe Nr. 93, 22./23. April 1995.

— Die Werte und die Wirklichkeit, in: Neue Zürcher Zeitung. Internationale Ausgabe Nr. 10, 13./14. Januar 1996.

Wein, Hermann: Zur Rechtfertigung des Nihilismus, in: Der Nihilismus als Phänomen der Geistesgeschichte in der wissenschaftlichen Diskussion unseres Jahrhunderts, hrsg. v. Dieter Arendt, Darmstadt 1974.

Weißmann, Karlheinz: Krisendiagnose – Anspruch und Grenze, in: Abschied vom Abendland?, hrsg. v. Klaus Motschmann, Graz/Stuttgart 1997.

Westerwelle, Guido: Des einen Hoffnung, des anderen Furcht. Über alte und neue Staatsfeinde, in: Frankfurter Allgemeine Zeitung Nr. 130, 8. Juni 1998.

Wilson, James Q.: Das moralische Empfinden. Warum die Natur des Menschen besser ist als ihr Ruf. Aus dem Amerikanischen, Hamburg 1994.

Zbinden, Hans: Der bedrohte Mensch. Zur sozialen und seelischen Situation unserer Zeit, Bern/München 1959.

Namensregister